Organiser un service ou une unité

Groupe Eyrolles

61, bd Saint-Germain

75240 Paris Cedex 05

www.editions-eyrolles.com

© Groupe Eyrolles, 2005, 2013

ISBN : 978-2-212-55754-1

Philippe Taché

Organiser un service ou une unité

Analyse, diagnostic, plan d'actions

33 fiches pratiques

2ᵉ édition

EYROLLES

Je dédie ce livre à mon épouse, à la tranquillité de Jullouville et aux huîtres sauvages des rochers de Carolles.

Sommaire

Partie 2
Valider le constat et proposer votre diagnostic

Partie 3
Proposer un plan d'actions
et ses mesures d'accompagnement

Partie 4
Mettre l'organisation sous contrôle

Introduction

Pour cette seconde édition entièrement revue et complétée, je ne peux changer l'introduction écrite en 2005. À mon grand regret, les constats d'alors restent d'actualité.

Depuis vingt ans l'évolution des méthodes, techniques et outils d'organisation a été importante. Elle s'accélère ces dernières années pour s'adapter aux nouveaux outils de communication.

Pourtant, leur diffusion reste limitée, presque confidentielle.

Il est vrai que de nombreuses barrières s'opposent à une large diffusion.

Pour partie, ce déficit provient de la communication. Le lecteur se trouve confronté à des lois universelles ou à des applications et outils qui nécessitent un effort de transposition souvent complexe :

- Les notions de projet, de pilotage, de gestion ou de fonctionnement en mode projet sont encore souvent diffusées et expliquées de façon complexe, voire confuse.

- Les techniques et outils d'organisation sont souvent modélisés et présentés isolément. Les liens permettant de les utiliser dans des démarches d'ensemble ne sont pas présentés.

- Fréquemment, les exposés sont développés en dehors d'un cadre permettant au lecteur de réaliser aisément des allers-retours entre concret et abstrait, et de rapprocher ce qui lui est proposé du contexte auquel il doit faire face.

Cependant, cette communication est rendue difficile par la multiplicité des contextes, la différence d'ampleur des projets et des enjeux, la variété des thèmes organisationnels.

C'est la prise en compte de ces contraintes sur laquelle il reste à progresser.

L'effort doit être réalisé en identifiant les cibles de communication et les contenus auxquels elles sont sensibles.

Pour contribuer à l'élargissement de la diffusion de ces techniques et de ces outils d'organisation, nous avons dédié cet ouvrage aux premiers organisateurs des entreprises : les responsables de département, de service, d'unité... d'entité dirait un organisateur.

Notre ambition est de donner une aide à la gestion de situations et à la résolution de problèmes, grâce aux techniques de l'organisation, à ceux qui se trouvent en situation de prendre en main une entité et à ceux qui souhaitent parfaire ou enrichir leur savoir-faire organisationnel.

À qui s'adresse cet ouvrage ?

Il est destiné à vous tous, managers, responsables de département, de service, d'unité... qui œuvrez dans les entreprises du tertiaire ou qui gérez des activités tertiaires dans les entreprises des autres secteurs d'activité.

Son but est de vous aider à mettre en place une démarche qui comprend :
• la prise de connaissance et l'établissement d'un constat,
• la réalisation d'un diagnostic,
• la définition des objectifs de changement et l'élaboration d'un plan de progrès,
• la stratégie de mise en œuvre et la préparation des actions d'accompagnement nécessaires,
• la préparation de la mise sous contrôle de l'organisation.

Les métiers dont vous avez la responsabilité ne sont pas spécifiquement pris en compte, c'est l'ensemble des points communs à tous les métiers du secteur tertiaire ou des activités administratives dans d'autres secteurs que vous trouverez évoqués dans les pages qui vont suivre.

Comment l'utiliser ?

Cet ouvrage est construit pour vous permettre différents types de lectures et d'usages :

* réaliser une approche d'acquisition d'outils, de techniques ou de méthodes opérationnels,
* effectuer des approfondissements thématiques,
* suivre un programme complet de prise en main de votre organisation, en l'utilisant partiellement ou intégralement.

Pour ceux qui privilégient une approche d'acquisition d'outils, de techniques ou de méthodes :

* Les outils sont d'un usage aisé car leur choix et leur utilisation sont guidés par :
  – les objectifs pour lesquels ils sont conçus,
  – les « documents source » internes à l'entreprise permettant d'avoir tout ou partie des informations nécessaires,
  – le mode de réalisation qui inclut la façon de faire et le mode d'emploi,
  – les avertissements qui soulignent les difficultés techniques, les erreurs possibles et les risques potentiels,
  – les clés d'analyse pour décrypter les informations rassemblées et lire les résultats,
  – les approfondissements utiles susceptibles d'être réalisés,
  – des exemples et illustrations bâtis à partir d'interventions récentes.
* Les méthodes vous donnent les éléments clés du métier d'organisateur :
  – le vocabulaire utile,
  – l'analyse des structures et le renforcement de leur cohérence,
  – l'analyse et l'optimisation des processus,
  – le dimensionnement de l'effectif,
  – le renforcement de la sécurité de fonctionnement,
  – des notions d'accompagnement et d'animation du changement.

Si vous souhaitez une approche thématique, l'index situé en fin d'ouvrage vous permettra de prendre connaissance des contenus en fonction de vos points d'intérêt :

• Les termes indexés sont organisés pour faciliter l'approche de neuf thèmes :
  – Accompagner le changement,
  – Adapter les moyens,
  – Analyser l'activité,
  – Bâtir une communication de projet,
  – Dimensionner l'effectif,
  – Gérer un projet,
  – Maîtriser le temps de travail,
  – Manager les ressources humaines,
  – Rationaliser les structures.

Si vous voulez prendre en main votre service, suivez pas à pas la progression au fil des chapitres en adaptant les propos à votre contexte. Le programme qui vous est proposé peut s'utiliser intégralement ou partiellement.

Illustration 1
Utiliser cet ouvrage

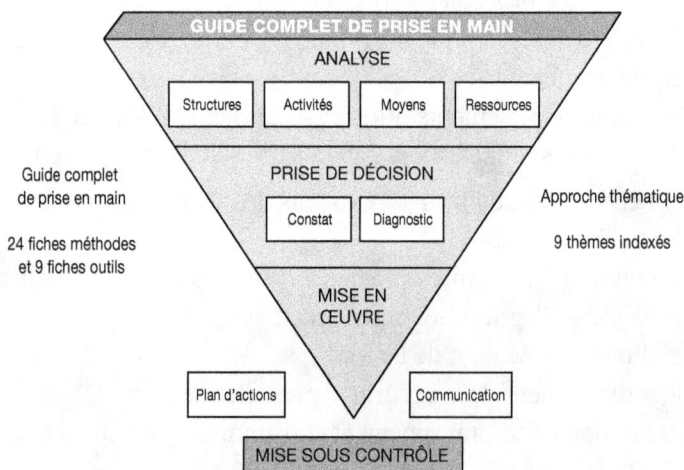

Les conditions de votre réussite

Vous êtes nouvellement promu, nommé ou recruté, soyez prêt à un fort investissement !

Vous allez devoir réaliser un marathon durant lequel toutes vos erreurs pourront vous être reprochées.

Votre challenge : assurer le quotidien, vous immerger dans une foule de détails, faire l'inventaire des problèmes que l'on vous a laissés, prendre connaissance des pratiques internes, mais aussi de celles de vos clients et fournisseurs internes et externes, comprendre les attentes de votre supérieur hiérarchique, de vos collaborateurs....

Notre conseil : évitez de vous noyer, déléguez, fuyez les décisions hâtives, ne plongez pas immédiatement dans l'opérationnel, gardez le recul nécessaire pour regarder et aménager votre organisation.

Vous disposez d'une période de grâce. Profitez-en !

Il ne faut pas la gaspiller car elle est unique et courte (en général six à huit semaines).

Utilisez cette période pour dresser un état de la situation qui servira de base à un dialogue factuel avec votre supérieur hiérarchique et sera opposable aux tiers (vos homologues, vos clients et fournisseurs).

C'est sur cette base que vous pourrez construire en accord avec votre hiérarchie un plan d'actions permettant de faire face aux évolutions en cours et à venir.

Ce dernier sera garant de votre réussite dans votre nouvelle fonction.

Pour vous y aider, ce livre est structuré en quatre parties :

- dresser un état de la situation ;
- valider le constat et proposer votre diagnostic ;
- proposer un plan d'actions et ses mesures d'accompagnement ;
- mettre l'organisation sous contrôle.

La première partie vous guidera tout au long de la phase d'analyse. Un chapitre accompagnera votre exploration de chacun des quatre axes d'analyse :
- Analyser les structures et leur évolution,
- Étudier les activités,
- Examiner les moyens,
- Apprécier les ressources humaines.

Chaque chapitre est organisé en trois éléments :
- Le vocabulaire utile au thème développé,
- Le point de vue du praticien sur un thème majeur du métier d'organisateur,
- Des fiches pratiques constituées autour d'un outil ou d'une méthode. Elles vont vous guider pour atteindre des objectifs définis en vous précisant ce qu'il faut faire et comment vous y prendre.

La **fiche outil** est composée de six rubriques :

• **Objectif** : le ou les objectifs qui vous sont proposés.

• **Moyen** : le mode d'atteinte de l'objectif.

• **Documents source** : les documents internes à l'entreprise dans lesquels vous trouverez les informations qui vous seront nécessaires.

• **Mode de réalisation** : il s'agit du « comment faire ».

• **Avertissements** : ils précisent les difficultés techniques, erreurs et risques à éviter.

• **Clés d'analyse et approfondissements** : ils vous aident à lire les résultats des outils que vous avez utilisés et/ou vous précisent les approfondissements vers lesquels vous pouvez poursuivre le travail réalisé.

La **fiche méthode** est composée des mêmes rubriques auxquelles s'ajoute une septième :

• **Éléments de méthodologie** : ils décrivent les points de méthodes nécessaires et sont fréquemment illustrés d'exemples.

Ces fiches vous suivront tout au long de ce livre. Elles peuvent s'adapter à la poursuite de vos objectifs en étant utilisées individuellement ou collectivement. Les contraintes méthodologiques et les enchaînements nécessaires pour les utiliser ensemble sont indiqués sous la rubrique « Avertissements ».

La deuxième partie, plus courte, vous permettra de dresser votre constat et de le communiquer, puis de construire votre diagnostic et de procéder aux validations nécessaires.

La troisième partie, vous aidera à proposer un plan d'actions et à vous assurer de sa réalisation par sa planification et la constitution d'un plan de communication.

La quatrième partie vous permettra enfin de contrôler le fonctionnement de l'organisation.

PARTIE 1

Dresser un état de la situation

Le premier travail consiste à dresser un état de la situation. À cette occasion vous pourrez nouer un dialogue avec votre hiérarchie. Celle-ci pourra vous délivrer des informations inconnues d'autres personnes et vous faire gagner un temps précieux.

Votre action consiste à préparer un constat qui présentera les faits tangibles que vous aurez vérifiés. Ne le limitez pas à celui de l'existant, vous vous priveriez de l'explication des particularités/spécificités actuelles.

Pour dresser l'état de la situation vous devez intervenir sur quatre axes d'analyse :

• **Structures** pour l'organisation de votre entité ;

• **Activités** pour les méthodes de traitement ;

• **Moyens** pour les outils utilisés ;

• **Ressources** pour les hommes.

Chacun des axes d'analyse doit apporter des éléments spécifiques à la construction de votre vision de synthèse. C'est sur cette dernière que s'édifiera votre diagnostic.

L'analyse des « Structures » doit permettre de valider la bonne affectation des travaux réalisés dans votre département ou votre service en s'assurant de la cohérence avec les missions confiées.

Les analyses réalisées sur cet axe doivent aussi permettre de s'assurer de la pertinence des éventuelles subdivisions internes de votre service, de la cohérence des taux d'encadrement avec l'effectif confié.

L'axe « Activités » doit permettre d'analyser et de valider la pertinence des circuits, de s'assurer de la qualité et de la régularité des opérations réalisées et de vérifier l'atteinte d'un niveau de productivité acceptable.

Les « Moyens » doivent répondre à l'adéquation des moyens disponibles avec les besoins, (nombre d'accès informatiques, de postes de travail,...) d'inventorier les évolutions prévisibles et leurs impacts.

L'axe « Ressources » a pour but d'analyser « savoir-faire » et compétences, d'assurer la sécurité de fonctionnement, d'identifier les besoins de formation et de définir un turn-over acceptable.

Ces travaux doivent servir de base à la réflexion sur les progressions probables et escomptées de chaque collaborateur et permettre d'intégrer ces évolutions dans une filière d'emplois.

Pour poser clairement le constat vous devez vous plier à quelques règles :

• Respecter la chronologie d'analyse des axes adoptée dans cette présentation, du général au particulier et des structures vers les méthodes. Cette chronologie a pour objectif de vous permettre de mémoriser aisément l'ensemble des informations.

• Procéder aux analyses par strates successives de plus en plus détaillées. Cela doit vous permettre de structurer votre compréhension (*cf.* illustration 2 ci-dessous).

• Séparer complètement le problème d'affectation des hommes du reste de votre analyse. Nous vous recommandons lors de vos analyses d'utiliser la notion d'ETP (Équivalent Temps Plein) (*cf.* ARTT p. 102).

Illustration 2
Les strates d'analyses

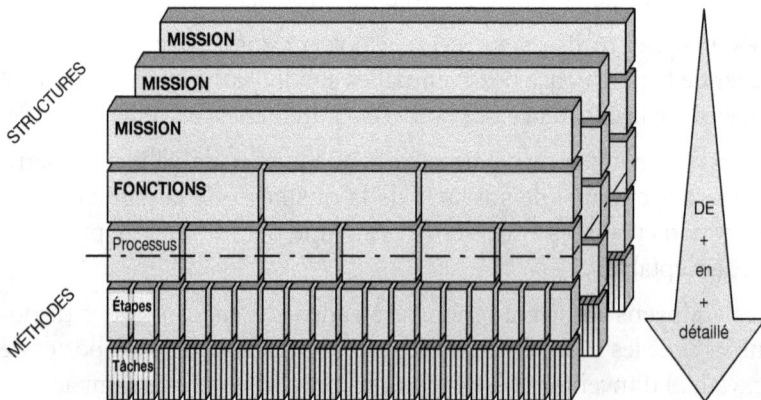

1

ANALYSER LES STRUCTURES ET LEUR ÉVOLUTION

Pour analyser les structures dans le cadre de votre entité, nous vous proposons trois fiches outils :

• l'organigramme hiérarchique ;

• l'organigramme informel ;

• la fiche d'identité du service ;

et deux fiches méthodes :

• analyses des relations fonctionnelles ;

• analyses des structures.

Ces outils et méthodes sont introduits par le vocabulaire utile pour parler des structures et par l'avis du praticien sur l'évolution des structures.

Comme tout bon organisateur, commencez par vous informer.

D'autres ont peut-être déjà travaillé pour vous !

Quelles que soient les réponses qui vous seront données, vous bénéficierez d'un premier indicateur pour déterminer le niveau d'organisation, de formalisme ainsi que le style de management de votre prédécesseur.

Les pièges à éviter

✓ Reprendre un organigramme déjà fait sans le vérifier.

✓ Récupérer un organigramme non daté.

✓ Ne pas savoir si l'organigramme que l'on vous a donné est valide et officiel.

✓ Accepter de récupérer des travaux provenant d'autres entités sans analyser leur cohérence avec les travaux réalisés dans votre département ou votre service et la charge de travail supplémentaire induite.

Attention

Le terme « fonction » est utilisé avec des sens différents par les métiers des Ressources Humaines, de l'Informatique et de l'Organisation.

Dans cet ouvrage il aura pour sens : conjugaison de plusieurs processus permettant de produire une partie d'une mission de l'entité.

La fonction au sens usité par les Ressources Humaines pour déterminer la façon de tenir un poste sera notée : fonction (RH).

Vocabulaire utile

Entité : désigne un élément de structure quelle que soient sa taille et sa dénomination au sein de l'entreprise (service, département, unité...). L'organisateur privilégie l'utilisation de ce terme car il comporte l'avantage de ne pas être connoté.

Effectif affecté : nombre de collaborateurs rattachés à une entité. L'effectif peut être comptabilisé soit en nombre de personnes ou en ETP (cf. ARTT p. 102).

Effectif disponible : effectif permettant de traiter la charge de travail qui incombe à l'entité. Il s'exprime en ETP (Équivalent Temps Plein).

Pour le mesurer il faut prendre l'effectif affecté duquel on enlève le temps consommé par l'absentéisme, les congés qui réduisent le nombre d'heures de travail conventionnelles (maladie, formation, congés divers exceptés les jours de congés et de repos habituels [exemple : mariage, décès...]), le temps de représentation dans les instances représentatives du personnel, le temps prêté

.../...

.../...

à d'autres entités, celui des formations reçues ou données. À cela on rajoute le temps prêté par d'autres entités et les heures supplémentaires rémunérées.

Fonction : dans cet ouvrage ce terme sera utilisé dans le sens suivant : conjugaison de plusieurs processus permettant de produire une partie d'une mission de l'entité.

La fonction au sens usité par les Ressources Humaines pour déterminer la façon de tenir un poste sera notée : fonction (RH).

Métier : regroupement de positions de travail, de fonctions (RH) contribuant à la réalisation d'une ou de plusieurs missions lorsque leurs finalités sont proches.

Mission de l'entité : raison d'être, rôle assigné à l'entité par l'entreprise.

Poste de travail : espace et outils permettant à un collaborateur de travailler.

Règles de fonctionnement : ensemble des règles formalisées qui régissent le fonctionnement d'une entité.

Anticiper les évolutions de structures

Force est de constater que l'entreprise se complexifie, que le contenu des métiers change, que leur nombre s'accroît, que de nouvelles missions apparaissent, accompagnées de nouvelles entités chargées de les réaliser.

Nous avons tous à l'esprit des exemples de ces évolutions, l'implantation maintenant ancienne du contrôle de gestion, celles du marketing et de la communication plus récentes dans leurs formes actuelles ou maintenant l'apparition du pilotage des risques opérationnels... Une histoire des entreprises permettrait de montrer cette intégration progressive et de plus en plus rapide de nouveaux savoir-faire.

Cette évolution touche d'abord le secteur concurrentiel, puis se diffuse progressivement dans les secteurs qui restaient protégés.

Le changement arrive... même là où l'on désespérait de le voir arriver. Il prend tour à tour des formes anodines ou désarmantes.

Par exemple n'aura-t-il pas fallu le début des années 2000 pour enfin entendre que la fonction « Achats » puisse permettre des économies au ministère du même nom, et aux autres ultérieurement...

Cet exemple pose de vraies questions.

Ne doit-on pas en déduire que le rôle de « l'organisation », lui, n'est pas ou peu reconnu dans le secteur public, et n'est-il pas souvent cantonné à la résolution de problèmes quotidiens dans beaucoup d'entreprises du tertiaire concurrentiel ?

Ne manquerait-il pas un maillon entre les impulsions organisatrices des directions générales et l'organisation-gestion-du-quotidien ?

Aux yeux du praticien pourtant, le travail ne manque pas ! Ni pour optimiser tout ce qui contribue à l'intérêt général, ni pour fédérer les intérêts particuliers autour de dynamiques collectives de progrès.

Pourtant les structures restent souvent figées.

La capacité d'adaptation aux évolutions des marchés et/ou des besoins collectifs est restreinte. Il s'y ajoute fréquemment un manque d'anticipation qui fait que les solutions apportées apparaissent avec retard. Nous pâtissons tous de ces lenteurs, en tant que consommateurs, citoyens, contribuables, professionnels...

Nous avons hérité du passé des formes organisationnelles qui restent largement répandues, notamment dans le secteur tertiaire, et nous les reconduisons.

Les techniques de répartition des responsabilités n'évoluent pas ou peu. Le découpage hiérarchique reprend le découpage des métiers avec des effets pernicieux liés à la taille de l'effectif. Le découpage peut alors induire un éclatement des missions dans une perspective opposée à celle des processus.

Cette transversalité « processus/structure » est souvent insuffisamment gérée pour atteindre le haut niveau de qualité que nous souhaitons tous lorsque nous sommes clients.

Les chantiers sur ces thèmes sont donc loin d'être achevés et des évolutions fortes de redécoupage des responsabilités se profilent à l'horizon.

Organigramme hiérarchique

→ Objectif
Vérifier l'organisation de l'encadrement.

→ Moyen
Représenter les relations hiérarchiques au sein d'une entité.

→ Documents source
Fiches de fonction (RH) ou de poste fournies par la Direction des Ressources Humaines.

Suivi de l'effectif, état des présences ou tableaux de bord de préparation de la paie.

→ Mode de réalisation
Vous disposez de deux modes de formalisation de l'organigramme hiérarchique dont le choix est dicté par l'objectif que vous souhaitez atteindre :

• Représentation traditionnelle (*cf.* illustration 3).

• Représentation longitudinale (*cf.* illustration 4).

Si vous souhaitez officialiser des évolutions ou réaffirmer les rôles et prérogatives de chacun, l'organigramme hiérarchique traditionnel, connu de la majorité des collaborateurs sera adapté.

La représentation longitudinale moins classique vous permettra d'amener vos interlocuteurs à sortir de leurs repères habituels. Il peut être un outil de travail astucieux dans le cadre de votre prise de fonction.

Illustration 3

Représentation traditionnelle d'un oganigramme hiérarchique

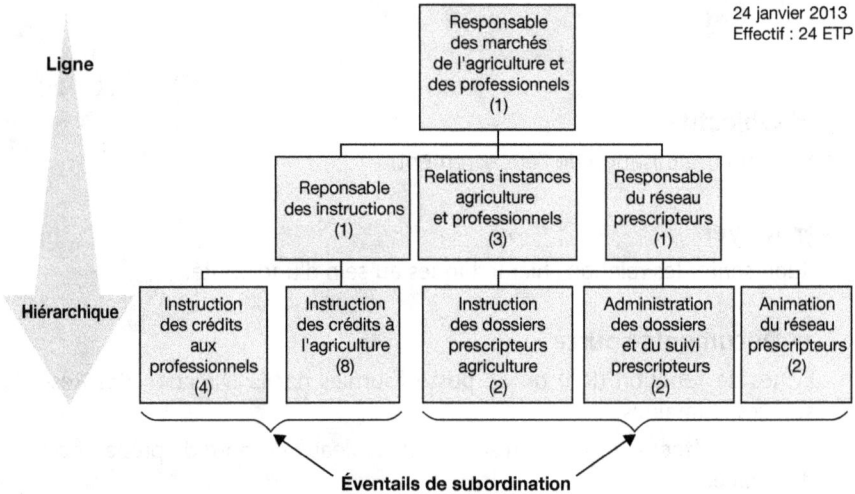

24 janvier 2013
Effectif : 24 ETP

Ligne

Hiérarchique

Éventails de subordination

Illustration 4

Représentation longitudinale d'un organigramme hiérarchique

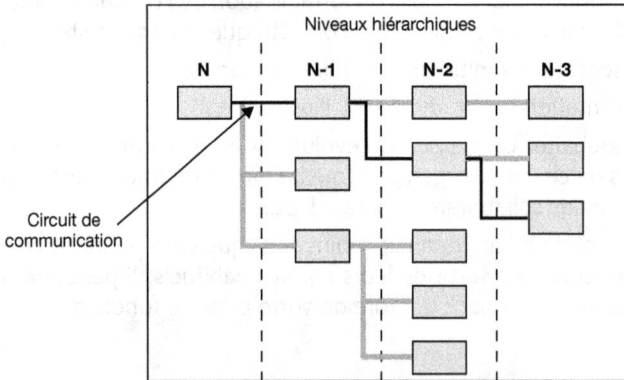

Niveaux hiérarchiques

N   N-1   N-2   N-3

Circuit de communication

Ligne hiérarchique

➥ Avertissements

L'organigramme peut-être réalisé à différentes échelles : interne à votre organisation, intra ou inter-directions...

Une fonction (RH) peut être occupée par une ou plusieurs personnes. Ces personnes peuvent occuper cette fonction (RH) à temps plein ou partiel.

Une personne peut être affectée dans votre service à temps partiel et travailler pour l'entreprise à temps plein.

Les états de la direction des ressources humaines ne rendent pas souvent compte des personnes prêtées à temps complet ou partiel, ou durant une période limitée entre services d'une même direction...

Chaque rectangle ne disposant pas de rattachement hiérarchique ou disposant de rattachements multiples indique des collaborateurs non gérés (électrons libres) ou complexes à gérer.

➥ Clés d'analyse et approfondissements

✓ Éventail de subordination : représente le nombre de personnes directement rattachées à un responsable. Il n'existe pas de nombre idéal de personnes directement rattachées. Ce nombre doit être pondéré en fonction de la diversité ou de l'homogénéité des métiers et des activités exercés par les subordonnés.

✓ Ligne hiérarchique : c'est l'ensemble des niveaux hiérarchiques. Durant la dernière décennie la tendance allait vers un aplatissement systématique de la pyramide hiérarchique. Cette tendance a donné lieu à quelques excès, qui peuvent démotiver les collaborateurs car cela leur enlève des perspectives d'évolution de carrière. *A contrario*, un nombre excessif de niveaux hiérarchiques est lui aussi un facteur important de démotivation, notamment par le rallongement du circuit de communication et la dilution des responsabilités. C'est donc la recherche d'une solution équilibrée, chassant les extrêmes, vers laquelle il faut s'orienter en se rappelant qu'à l'intérieur d'une entité le nombre de niveaux dépend des missions, des fonctions qui y concourent, du type et de l'homogénéité des travaux réalisés et de l'effectif.

Analyser des relations fonctionnelles

➥ Objectif
Vérifier l'opportunité et la sécurité des relations fonctionnelles.

➥ Moyen
Identifier et représenter les relations fonctionnelles au sein du service et/ou entre les entités d'une ou de plusieurs directions.

➥ Documents source
Procédures de traitement,

« Qui fait quoi dans l'entreprise ? » (annuaire précisant les activités des collaborateurs).

➥ Éléments de méthodologie
Identifiez avec chaque collaborateur la nature et le contenu des relations fonctionnelles réalisées à l'aide de la grille d'analyse des relations fonctionnelles (cf. illustration 5).

Objet de la relation : identifiez la raison pour laquelle la relation est réalisée.

Correspondants : faites préciser les personnes avec qui la relation s'effectue et leur situation dans l'entreprise, leur nombre… À la suite de l'analyse cela vous permettra de qualifier l'impact des changements envisagés et les personnes à prévenir pour les informer des modifications que vous apporterez à leurs pratiques.

Estimation de la charge de travail : faites évaluer par vos collaborateurs la charge de travail unitaire et définir la fréquence de l'action. Vous obtiendrez la charge de travail totale dans votre service ou département. Vous serez à même d'en définir le coût.

Pour chacune des relations fonctionnelles, il faudra mettre en rapport les avantages procurés aux autres entités.

Objectifs : vous devez valider leur utilité et analyser la pertinence de la méthode utilisée pour les atteindre.

Modes de communication utilisés : vous devez faire décrire par vos collaborateurs leurs différents modes de communication.

À défaut de supprimer certaines relations fonctionnelles, la simplification des modes de communication et l'adaptation des canaux utilisés sont des facteurs importants de réduction du temps consommé.

Alternative à chaque relation fonctionnelle : vos collaborateurs seront à même de vous donner une partie des alternatives envisageables qui permettraient d'atteindre l'objectif sans maintenir les relations existantes. Complétez-les par quelques entretiens avec le service organisation et vos homologues.

Illustration 5
Grille d'analyse des relations fonctionnelles

| Collaborateurs | Objet de la relation | Destination/Provenance | | | Fréquence | Charge de travail unitaire | Charge de travail totale en ETP | Objectif | Mode de communication | De quelle(s) autre(s) source(s) les interlocuteurs disposent-ils ? |
		Direction	Service	Personnes						
M. Joubert	Relance sur les mouvements en attente de décision non résolu la veille	Commerciale	Front office	Tous les chargés de clientèle	Tous les jours	1 H	0.16	Traitement des mouvements en attente	Téléphone	Listing quotidien
A. Laneau	Vérification de notre comptabilisation	Financière	Comptabilité	M. Alexandre	Tous les jours	30 mn	0.08	Pointage de nos suspends avec la Concordance	Déplacement	Système d'information le lendemain
Y. Charbonneau	Transmission des cours devises	Commerciale	Guichet et Front office	Responsable Front office et Guichet	Tous les jours	6 mn	0.02	Affichage des cours au guichet et information des chargés de clientèle	Téléphone	Sans

Collaborateurs concernés — Estimations de la charge de travail — Modes de communication — Objets de la relation — Correspondants — Objectifs — Alternatives

Validez, avec leur responsable hiérarchique ou à défaut avec le collaborateur qui l'effectue, le mode de contrôle réalisé.

Contrôlez avec les procédures et le « Qui fait quoi ? » que l'ensemble des relations fonctionnelles a bien été observé.

Formalisez l'organigramme fonctionnel :

- Chaque entité doit être formalisée par une colonne ou une fraction de colonne (*cf.* illustration 6) ;
- Les fonctions (RH) sont symbolisées par un rectangle ;
- Les objectifs de la relation sont représentés par des flèches permettant d'identifier le sens des fournitures d'information après avoir été synthétisés et différenciés par des couleurs.

↳ Mode de réalisation

Les entretiens sont réalisés individuellement et regroupés en quelques jours. Ce sont des entretiens informels courts (10 à 20 minutes).

↳ Avertissements

Les relations fonctionnelles doivent être équilibrées vers l'ensemble des autres entités/directions de l'entreprise.

L'organigramme peut être réalisé à différentes échelles : interne à votre organisation, intra ou inter-directions, en intégrant éventuellement les relations externes à l'entreprise.

Si le « Qui fait quoi ? » et les procédures de traitement n'existent pas ou sont obsolètes, reportez la réalisation de l'organigramme fonctionnel après avoir analysé l'axe « Activités ».

La polarisation, si elle est le gage des contrôles réalisés sur l'information diffusée, peut être excessive et nuire à la sécurité et à la permanence du fonctionnement.

Le contenu et le type d'information délivré dans le cadre de relations entre des positions hiérarchiques disproportionnées méritent d'être analysés.

Les modifications des relations fonctionnelles que vous apporterez au sein de votre organisation seront peut-être la cause de dysfonctions dans d'autres entités. Informez préalablement vos homologues de tout changement ainsi que les collaborateurs concernés par les changements prévus et expliquez-leur l'objectif poursuivi.

Illustration 6

Représentation d'un organigramme fonctionnel

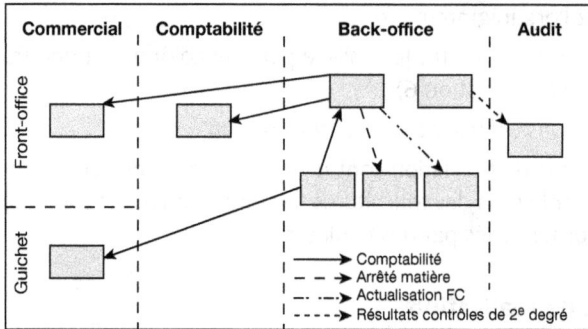

↪ Clés d'analyse et approfondissements

✓ Objectifs et contenus de la relation : c'est la recherche de l'utilité de la relation. Les relations fonctionnelles sont une source de souplesse, de professionnalisation, de dynamisation des échanges, d'accroissement de la réactivité et d'amélioration du suivi des opérations et des projets réalisés. Cependant, l'amélioration des moyens internes de communication entraîne la création de travaux qui sont parfois préjudiciables et/ou coûteux.

✓ Polarisation des relations : permet de vérifier et de renforcer le cas échéant la sécurité et la permanence du fonctionnement. S'assurer que la multiplicité des liaisons hiérarchiques sur un seul poste de travail ou un seul collaborateur comporte une solution de rechange. Confirmer que le niveau de responsabilité du poste autorise la diffusion de l'information ou qu'il existe un mode de contrôle.

Organigramme informel

➥ Objectifs

Repositionner les collaborateurs au sein de l'organisation.

Préparer l'officialisation d'un nouvel organigramme, d'une nouvelle répartition des tâches.

➥ Moyen

Illustrer la perception que chaque collaborateur a de son rôle et de son positionnement dans les relations fonctionnelles et hiérarchiques.

➥ Documents source

Fiches de fonction (RH) ou fiches de poste fournies par la Direction des Ressources Humaines.

Suivi d'effectif.

Dossiers et évaluations individuels.

➥ Mode de réalisation

Réalisez un entretien individuel lors de votre prise de fonction avec chacun de vos collaborateurs.

Au cours de l'entretien fournissez-lui une feuille séparée en deux parties égales. Notez son nom au centre (*cf.* illustration 7).

Demandez-lui de représenter sur la partie droite ses relations fonctionnelles et sur la partie gauche ses relations hiérarchiques après vous êtes assuré qu'il identifie bien la différence entre les deux.

Lorsqu'il a achevé, remerciez-le. Ne faites aucun commentaire.

Analysez chaque fiche.

Effectuez la synthèse de l'ensemble des fiches.

Lorsque vous le jugerez opportun vous pourrez faire un point sur ce sujet avec chaque collaborateur isolément.

↪ Avertissements

Les organigrammes informels doivent être réalisés en même temps que les organigrammes hiérarchiques et fonctionnels et avant toute réactualisation officielle de ces documents.

La spontanéité et la rapidité de réalisation des organigrammes informels sont le gage de la qualité de l'information recueillie.

↪ Clés d'analyse et approfondissements

✓ Cadrer et/ou repositionner vos collaborateurs au sein du service, de l'entité : l'analyse du positionnement et de la synthèse permet de rendre compte des clivages entre groupes, des problèmes existant entre les personnes. La comparaison de la synthèse avec l'organigramme hiérarchique existant ou prévu vous permettra de reconstituer les groupes de travail sans heurt, d'identifier les cibles de communication pour « repositionner » un responsable intermédiaire, un adjoint, un collaborateur...

✓ Comparaison avec les organigrammes officiels ou à officialiser : c'est le rapprochement de ces organigrammes individuels qui va vous aider à finaliser celui que vous souhaitez mettre en place.

Illustration 7
Exemple de perception individuelle des organigrammes

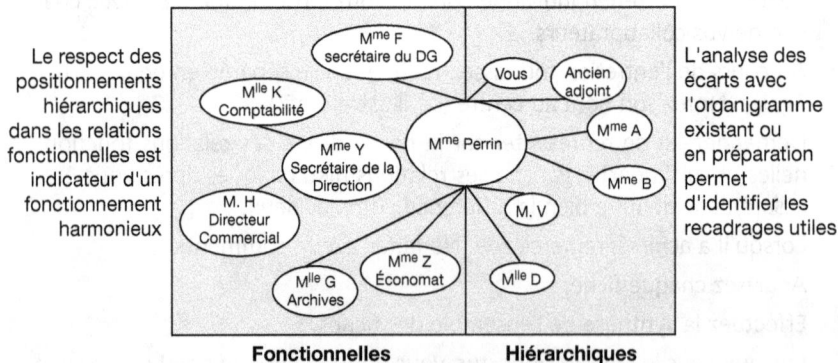

Le respect des positionnements hiérarchiques dans les relations fonctionnelles est indicateur d'un fonctionnement harmonieux

L'analyse des écarts avec l'organigramme existant ou en préparation permet d'identifier les recadrages utiles

Fonctionnelles   Hiérarchiques

Fiche d'identité du service

↪ Objectif

Rechercher les éléments significatifs qui pourraient expliquer les particularités de l'existant, les comportements des collaborateurs, l'image de votre service dans la direction ou l'entreprise.

↪ Moyen

Disposer d'un document qui donne une vision synthétique de votre organisation et de son évolution.

↪ Documents source

Votre fiche de fonction (RH) ou de poste.

Suivi de l'effectif fourni par la DRH avec son historique.

Inventaire physique des immobilisations et son évolution.

Tableau(x) de bord de votre entité.

Rapport(s) d'audit concernant votre entité.

Données de flux historisées.

↪ Mode de réalisation

Réalisez quelques entretiens avec les collaborateurs les plus anciens de votre entité, si possible avec le responsable précédent, quelques homologues non impliqués dans des travaux communs…

Puis, procédez par approfondissement en validant les éléments factuels auprès de plusieurs sources (service organisation, direction des ressources humaines, service audit…).

Les informations que vous devez collecter sont :

• nom de création de votre entité ;

• date de création ;

• l'effectif (tous les éléments pour reconstituer l'historique des fluctuations) ;

- le rattachement hiérarchique et l'évolution de celui-ci s'il y a lieu ;
- la ou les mission(s)/raisons d'être de votre entité ;
- l'historique des fonctions assumées au sein de l'entreprise ;
- les processus rattachés ou retirés du champ d'intervention ;
- les moyens détenus en propre ;
- l'historique du nombre des opérations de flux par mois ;
- l'évolution mensuelle des stocks ;
- la description de l'organisation et de ses évolutions (découpage du travail, spécialisations,...) ;
- les évènements significatifs (changement de gestionnaire,...) ;
- les informations qualitatives (intégration des emplois dans une filière impliquant un taux de rotation du personnel...) ;

Formalisez la fiche d'identité (*cf.* illustration 8, p. 39)

↪ Avertissements

Peu d'entreprises réalisent les fiches d'identité des services qui les constituent. Pourtant il s'agit du meilleur niveau de collecte pour constituer la « mémoire organisationnelle de l'entreprise ».

Différents documents peuvent vous servir de source, mais ils ne permettent de trouver qu'une partie des informations nécessaires à l'édification de la fiche d'identité. Les autres ne sont jamais formalisées. Votre entrée en fonction est une des rares occasions durant laquelle vous pourrez glaner ces informations sans étonner ni paraître polémique.

Faites dater toutes les informations que vous recueillez.

Les flux doivent être quantifiés en nombre d'opérations.

Illustration 8
Fiche d'identité d'un service

| Analyste : IC | **FICHE D'IDENTITÉ** | Version : 2 |
| Interviewés : M-FV, DD, DC | Entité : Assurances | Statut : achevée
Date : 30 mai 2013 |

Missions actuelles : réaliser la mise en place des contrats et la gestion des assurances de biens, de personnes et l'assistance décès-invalidité pour les clients de la banque. Assurer la sécurité des personnes et des biens de la banque. ◄——— Missions actuelles

Fonctions actuelles :

Assurance de biens
1.1 Mettre en place les affaires nouvelles
1.2 Gérer le portefeuille (compta, avenants, archivage, résiliation)
1.3 Surveiller les évolutions de portefeuille (sinistres...)
1.4 Gérer les relations avec les organismes d'assurances
1.5 Assurer l'assistance et la formation des collaborateurs du réseau
1.6 Établir les cartes professionnelles

Assurance de personnes
2.1 Gérer les cotisations et les sinistres de sécurité des comptes
2.2 Gérer les décès, sinistres (relations avec les notaires) et gestion administrative des contrats XXX
2.3 Boîte aux lettres et comptabilité de contrats EEEE
2.4 Assurer la fin de vie d'un produit
2.5 Assurer l'assistance et la formation des collaborateurs du réseau

Assistance Décès Invalidité
3.1 Contrôle des dossiers XXX
3.2 Envoi des dossiers XXX
3.3 Gestion du retour des avis XXX lors de l'adhésion
3.4 Gérer les sinistres ADI

Sécurité et assurances de la banque
4.1 Assurer la sécurité des personnes et des biens

——— Fonctions actuelles

Historique :
Créé le 10 octobre 1997 avec un effectif de 3 personnes à temps plein sous la responsabilité du responsable actuel.
Nom de création : Service IARD   Mission à la création : Gestion des assurances IARD
Rattachement des assurances de personnes début 2000 et de l'ADI en mars 2000
Délégation ADI en mars 2002 ◄——— Historique

Moyens spécifiques :
Logiciel d'évaluation des questionnaires de santé XXX ◄——— Moyens spécifiques

Évolution de l'activité au 31/12 de chaque année en ETP : ◄——— Évolution des effectifs

2007	2008	2009	2010	2011	2012
3	4	4	8	10	16

Évolution de l'activité au 31/12 de chaque année :

		2007	2008	2009	2010	2011	2012
Biens	Création	425	749	875	1 022	1 188	1 657
	Stock	498	1 122	1 749	2 618	3 479	4 083
Personnes	Création	125	137	128	1 021	1 812	3 902
	Stock	322	389	467	1 634	3 219	4 997
ADI	Création	38 812	39 561	42 788	47 809	46 955	47 132
	Stock	473 791	493 732	501 398	511 204	514 862	516 452

◄——— Évolution de l'activité

↪ Clés d'analyse et approfondissements

✓ Analyse de l'histoire de votre service : en réalisant un schéma chrono-logique des décisions, des évolutions et des flux vous aurez les argu-ments pour améliorer ou rectifier l'image de votre service ou de votre département dans l'entreprise. Tirer les leçons du passé pourra vous éviter de reproduire certaines erreurs !

✓ Analyse des flux : vous permet de réaliser quelques ratios pour vous donner des repères (nombre de dossiers ou d'événements traités par personne et par jour, en moyenne, en période de pointe, aujourd'hui...).

✓ Mémoire organisationnelle : la fiche d'identité du service en est le premier maillon. C'est un outil de management et de maintien de la sécurité de fonctionnement. Nécessaire au pilotage de l'organisation des entreprises par les directions générales et les managers opération-nels, elle n'est pourtant jamais formalisée.

Analyser des structures

↬ Objectif

S'assurer de la cohérence des travaux réalisés dans votre entité avec les missions qui lui sont confiées.

↬ Moyen

Réaliser un inventaire exhaustif des travaux réalisés.

↬ Documents source

Lettre de mission.

Votre fiche de fonction (RH)/poste.

Les fiches de fonction (RH)/poste de vos collaborateurs.

Rapport(s) d'audit concernant votre entité et la direction à laquelle elle appartient.

↬ Éléments de méthodologie

Comme toutes les entités, la vôtre n'existe que par la ou les missions qui lui sont confiées. C'est sa « raison d'être ».

Chaque mission contribue au fonctionnement général de l'entreprise. Une seule mission peut incomber à un service ou à une entité.

Pour remplir chaque mission le service, l'entité doit être capable d'accomplir une ou plusieurs fonctions (*cf.* illustration 8).

Chaque fonction contribue à la réalisation d'au moins une mission.

Chaque fonction, pour être réalisée, nécessite la contribution du service à un ou plusieurs processus, pour lesquels il traite une ou plusieurs étapes (*cf.* Fiche méthode 4 : Analyser des processus p. 59).

→ Mode de réalisation

Délimitez les missions

Sur la base des documents de référence complétés éventuellement par quelques entretiens (votre responsable hiérarchique, le service Organisation,...), vous obtiendrez des éléments pour rédiger la raison d'être de votre entité.

Formalisez chaque mission en une seule phrase. Cette phrase ne doit comporter qu'un ou plusieurs verbes d'action à l'infinitif. Supprimez tout qualificatif. Les éléments rassemblés dans chaque phrase doivent être cohérents et homogènes.

Listez les fonctions nécessaires à la réalisation de chaque mission

Sur la base des documents de référence, détaillez les fonctions assumées pour chacune des missions. Une fonction est un ensemble fini qui correspond à un objectif intermédiaire.

Formalisez-la en une seule phrase courte avec un verbe à l'infinitif, sans adjectif.

Pour vous aider, vous devez vous appuyer sur votre fiche de poste/fonction (RH). Si celle-ci ne donne pas les éléments attendus, récupérez les éléments qui la constituent habituellement (*cf.* Fiche outil 7 : Fiche de poste p. 125).

Identifiez les processus sur lesquels votre service intervient pour chaque fonction

Dans les fiches de fonction (RH) ou de poste de vos collaborateurs vous allez probablement trouver pêle-mêle des processus, des étapes et des fonctions. C'est une première source pour identifier les processus. Pour simplifier votre travail et vous assurer d'être exhaustif, réalisez préalablement votre tableau de répartition du travail (*cf.* Fiche outil 4 p. 49).

→ Avertissements

Le nombre de missions assumées par un service est forcément limité. La lisibilité de la structure n'est pas assurée, pour les collaborateurs comme

Fiche méthode

pour les clients et fournisseurs, lorsque le nombre de missions d'une même entité est trop important.

Ne commettez pas de confusion : le mot fonction a des sens différents lorsqu'il est utilisé par les ressources humaines ou par les organisateurs. Pour ces derniers, notamment dans le cadre des structures, il s'agit d'un élément constitutif qui répond à un objectif. Il a, dans ce cas, le même sens que dans la méthode d'analyse de la valeur. (*cf.* bibliographie)

⤳ Clés d'analyse et approfondissements

✓ Cohérence : l'ensemble des travaux que vous avez identifiés doivent se retrouver dans un processus qui contribue à la réalisation d'une fonction, laquelle contribue à son tour à la réalisation d'une mission. Il s'agit d'un ensemble de « poupées russes », chacune s'intégrant dans une plus grande. Ceux qui ne contribuent pas à la réalisation des missions de votre entité n'ont rien à y faire ! (*cf.* illustration 9)

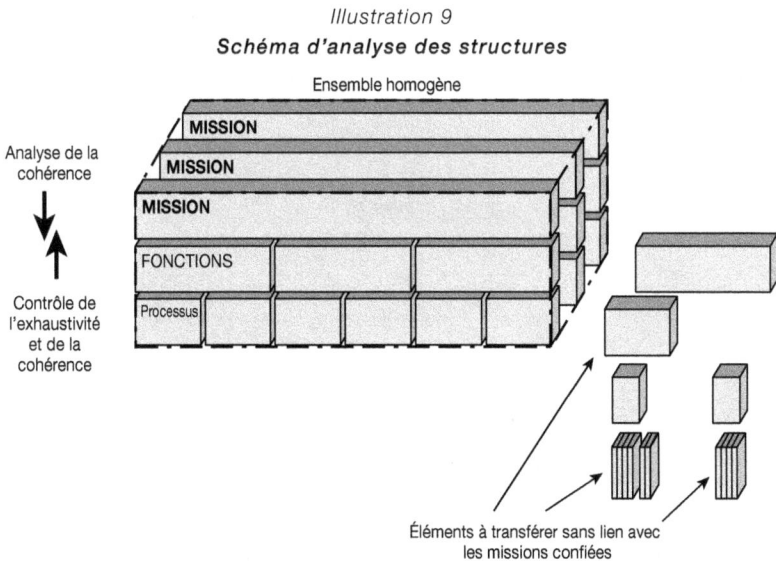

Illustration 9
Schéma d'analyse des structures

En tant que gestionnaire votre rôle va être de faire transférer ces travaux dans des entités où ils correspondront aux missions confiées.

La préparation de ce transfert nécessitera l'usage du tableau de répartition du temps (*cf.* Fiche outil 5 page 53) pour connaître l'impact sur les effectifs et de la matrice de polyvalence (*cf.* Fiche méthode 10 page 105) pour évaluer l'impact sur les personnes et les savoir-faire.

Avant de vous lancer dans la réalisation matérielle, il vous restera encore à concevoir un plan d'adaptation de votre organisation et notamment un plan de formation.

2

ÉTUDIER LES ACTIVITÉS

Pour aborder les activités nous vous proposons quelques notions qui vous permettront de partager le vocabulaire commun des organisateurs et des consultants.

- Vocabulaire utile ;
- Dimensionner l'effectif.

Pour analyser les activités de votre service, nous vous proposons trois fiches outils :

- le tableau de répartition du travail ;
- le tableau de répartition du temps ;
- une analyse des circuits ;

et quatre fiches méthodes :

- analyser des processus ;
- formaliser des processus ;
- optimiser le dimensionnement de l'effectif ;
- chercher de nouvelles sources de performance pour les benchmarks.

Attention

L'ensemble des auteurs et des professionnels de l'organisation utilisent le terme « activité ». Pour certains, comme dans cet ouvrage, l'activité représente un regroupement de processus permettant de délivrer un produit ou un service aux clients. Pour d'autres, c'est une unité de travail humain non fractionnable.

Vocabulaire utile

Activité : dans l'ensemble de cet ouvrage, l'activité recouvre un regroupement de processus permettant de délivrer un produit ou un service aux clients. Certains auteurs et professionnels de l'organisation lui donnent un autre sens, c'est une unité de travail humain non fractionnable.

Benchmark : mot d'origine anglo-saxonne signifiant repère, référence. En France, il désigne les techniques d'évaluation et d'amélioration de la performance par la comparaison de tout ou partie d'autres entreprises.

Charge de travail : temps nécessaire pour effectuer un travail. Elle s'exprime dans différentes unités de mesure : jours, heures, minutes, ETP (Équivalent Temps Plein - *cf.* ARTT p. 102).

Cycle d'activité : fluctuation de l'activité qui se reproduit dans le temps. La grande majorité des activités est cyclique.

Découpage taylorien du travail : découpage excessif des tâches permettant de réduire la phase d'apprentissage des acteurs et d'accroître la productivité. Ce mode d'organisation découle des théories de Frederick Winslow Taylor qui fut l'un des promoteurs de l'organisation scientifique du travail (OST) qui a été depuis très critiqué car il aboutit à une déshumanisation du travail et à une instrumentalisation des travailleurs.

Étape de travail : ensemble de tâches qui peut être distingué des autres parties du processus auquel elle appartient par les trois règles du théâtre classique : unité de lieu, unité de temps et unité d'acteurs.

Manuel de procédure : forme diffusée de la procédure. Pour être efficace et facile à réactualiser, chaque manuel ne comporte qu'une seule procédure. Il a pour objectif de spécifier aux collaborateurs le mode de réalisation retenu par l'entreprise. C'est un outil de management qui renforce l'efficacité des contrôles et audits.
Pour être efficace, le manuel de procédure comporte un schéma de l'ensemble de la procédure afin de donner une vision globale aux utilisateurs et le détail des opérations à mener dans chaque étape de travail.

Mode opératoire : formalisation lourde de la procédure. Il a pour objectif de renforcer la sécurité et la permanence du fonctionnement. Hormis les impacts sur la productivité, il permet de continuer les traitements en l'absence de personnel formé à cet effet.

Organisation scientifique de travail (O.S.T.) : mouvement de pensée qui vise à rationaliser le travail et ses conditions dans le but d'accroître sa productivité. L'OST a posé les bases de l'analyse du temps et des tâches.

P.F.D. (Personnel, Fatigue, Dérangements) : coefficient permettant de déterminer la partie du temps affecté inutilisable pour traiter la charge de travail.
                                                                                    .../...

.../...

Position de travail : l'organisateur, pour simplifier sa démonstration, et séparer les problématiques organisationnelles de celles d'affectation et de qualité des ressources, regroupe des postes/fonctions (RH). Les positions de travail ont en charge la réalisation de travaux de même nature et de même niveau de complexité.

Procédure : formalisation du processus qui permet de connaître la marche à suivre pour obtenir un résultat conforme aux choix de l'entreprise.

Process : terme anglais parfois utilisé en lieu et place de processus.

Processus : ensemble des opérations permettant la réalisation d'un produit ou d'un service rendu aux clients. Un processus est considéré comme transversal aux structures traditionnelles de l'entreprise. Il commence par un acte de vente au client pour aller jusqu'à la pré-comptabilisation des opérations.

Tâche : action homogène composée de tâches élémentaires aboutissant à un résultat. Exemple : remplir l'imprimé H122.

Tâche élémentaire : plus petite partie du travail humain. Elle n'est pas divisible. Exemple : prendre un stylo.

Temps affecté : temps statutairement rémunéré, heures supplémentaires rémunérées incluses. Les heures non rémunérées en sont exclues.

Temps prêté : permet d'identifier la partie du temps affecté prêté à d'autres entités, qui n'a pas servi à traiter la charge de travail de votre entité.

Temps reçu : permet d'identifier le temps fourni par d'autres entités pour traiter la charge de travail qui incombe à votre organisation.

Temps requis estimé : appréciation par les collaborateurs du temps nécessaire à l'accomplissement des tâches.

Temps unitaire de traitement : temps nécessaire pour traiter un élément de nature et de complexité moyennes.

Types d'activité : par extension l'organisateur parle de types d'activité pour qualifier la nature du travail réalisé.
Par exemple, dans un réseau d'agences bancaires, il distingue trois types d'activité :
- **SBB** = **S**ervice de **B**ase **B**ancaire, autrement dit ce qui permet aux clients de réaliser des opérations sur les comptes qu'ils détiennent,
- **Commerciale** = vente de produits ou services,
- **Back-office** = traitement des opérations déportées hors de la vue du client.

Dans un siège, l'organisateur distingue les activités fonctionnelles par rapport à celles de production. Les activités fonctionnelles regroupent les travaux de soutien et de contrôle. On y trouve pêle-mêle la comptabilité, le contrôle de gestion, le marketing, la communication, les activités de gestion des ressources humaines, l'audit, l'organisation...

Dimensionner l'effectif

Au niveau d'un service, d'une entité, la définition du dimensionnement de l'effectif en lui-même n'est qu'un travail technique, il demande de la minutie et du bon sens mais son niveau de complexité est assez peu élevé.

En revanche, mettre en cause un dimensionnement existant lorsqu'il implique une réduction d'effectif ou l'absorption de travaux supplémentaires sans accroissement d'effectif implique beaucoup de doigté et un minimum de savoir-faire.

Comportement à adopter lors de la réalisation d'un dimensionnement :

• Rigueur dans l'évaluation des charges de travail ;

• Honnêteté dans les communications réalisées ;

• Écoute attentive des remarques de tout bord ;

• Explication et argumentation sur une base factuelle ;

• Fermeté et respect de la ligne retenue.

Les pièges à éviter

✓ Omettre d'engager un dialogue aboutissant à des temps consensuels.

✓ Rendre publics des chiffres faux.

✓ Décrédibiliser vos chiffres en oubliant, par exemple, de tenir compte de la baisse de productivité qui aura lieu durant la période d'adaptation suivant la mise en œuvre du changement.

Tableau de répartition du travail

⇥ Objectifs

Identifier le « qui fait quoi ? » au sein de l'entité.

Connaître le mode de découpage du travail et le degré de spécialisation des collaborateurs.

Identifier le personnel impacté par les transferts projetés,

Évaluer la position des collaborateurs par rapport à la tenue de leur emploi.

⇥ Moyen

Établir la liste des processus.

⇥ Documents source

Fiches de poste ou de fonction (RH),

Classification des emplois,

Procédures.

⇥ Mode de réalisation

En fonction de la taille de l'effectif, renseignez en abscisse le nom de chaque collaborateur ou celui de la position de travail.

Reportez la liste des processus en ordonnée.

Détaillez avec vos collaborateurs les processus sur lesquels chacun intervient. Puis identifiez et inscrivez les étapes de travail réalisées par chacun. Neutralisez les cases où la personne ou position de travail n'intervient pas. (*cf.* illustration 10, p. 50)

Validez le plus largement possible après avoir formalisé.

⇥ Avertissement

La précision du contenu et la rigueur du découpage en étapes faciliteront votre travail ultérieur.

Illustration 10

Tableau de répartition du travail

Analyste : AR	**TABLEAU DE RÉPARTITION**			Version : 1
Interview : SV	**DU TRAVAIL**			Statut : provisoire
Fréquence : annuelle	Entité : comptabilité			Date : 7 juillet 2013
Processus	Collaborateurs			
	Mme Janson	Mme Lane	M. Douart	M. Herbert
Validation et paiement des frais généraux	Contrôle Visa des paiements	Vérification Saisie	Vérification Saisie	Préparation des paiements
Résultats mensuels	Élaboration Vérification		Élaboration Vérification	
Déclaration fiscale 2050	Réalisation Validation			
Déclaration Organic	Réalisation Validation			
Déclaration taxe professionnelle	Réalisation Validation			
Suivi des immobilisations	Contrôle Déclaration TP	Saisie		Vérification Actualisation
Rapport financier annuel	Production et vérification des chiffres			
Déclaration taxe sur les véhicules	Réalisation Validation			
Congés et repos du service	Enregistrement et suivi			
Ratios de solvabilité		Calcul et reporting		
Liasse des produits dérivés (hors bilan)		Calcul et reporting		
États réglementaires	Contrôle et gestion de la relation avec les autorités de tutelle		Production	Production Recherche d'anomalies
Projet Automatisation	Chef de projet + cahier des charges créances douteuses	Cahier des charges frais généraux	Cahier des charges créances douteuses	Cahier des charges BAFI
Contrôle comptable	Mise en place de piste d'audit		Contrôle des opérations de BO	Contrôle des opérations de salle des marchés
Contrôle échelles d'intérêts	Vérification et recalcul	Vérification et recalcul	Vérification et recalcul	
Suivi des créances douteuses et des provisions			Reprise des données et requalification des suites à donner	
Reporting des créances douteuses et des provisions générales			Réaffectation des provisions	
Imprimé Fiscal Unique (IFU)			Élaboration Vérification	
Activité CE			Représentation	

Une simple lecture permet d'identifier le découpage du travail et le degré de spécialisation des collaborateurs

➥ Clés d'analyse et approfondissements

✓ Répartition des tâches et degré de spécialisation des collaborateurs : la vision instantanée du tableau permet d'en identifier les excès (découpage taylorien du travail, absence de contrôle...).

Tableau de répartition du temps

↪ Objectifs

Préciser la position des collaborateurs par rapport à la tenue de leur emploi.

Quantifier l'impact sur le temps de travail des collaborateurs touchés par les transferts.

↪ Moyen

Identifier le temps passé par processus, par fonction et mission.

↪ Documents source

Fiches de poste/fonction (RH).

Classification des emplois.

↪ Mode de réalisation

À partir du tableau de répartition du travail, procédez par brèves interviews pour vous assurer qu'aucun des travaux réalisés n'ait été oublié.

Puis répartissez le temps de chacun des collaborateurs entre les processus sur lesquels il intervient.

Après avoir ajusté la répartition du temps de chacun et la répartition de temps globale, formalisez le tableau de répartition.

Validez à nouveau l'ensemble des données avec chaque personne en comparant la répartition du temps de chacun et la répartition globale. Acceptez toutes les modifications logiques, elles sont en général mineures. Les collaborateurs qui se savent en sous-charge vous rappelleront que vous avez oublié deux ou trois menus travaux dont la charge restera insignifiante. Soyez rassurant et ouvert à leurs suggestions.

↪ Avertissements

Vous avez déjà réalisé l'organigramme hiérarchique et vous connaissez votre effectif complet, y compris le temps prêté par ou à votre service.

Demandez à chacun de ne pas oublier les travaux qui ne sont réalisés qu'une fois par trimestre, par semestre ou par an. En dehors de l'aspect rassurant que cela constituera pour vos collaborateurs, cela contribuera aussi à l'exhaustivité de votre vision de la répartition de la charge de travail dans le temps.

↪ Clés d'analyse et approfondissements

✓ Premières pistes d'optimisation : vos entretiens et validations de temps doivent déjà vous indiquer les collaborateurs surchargés et ceux qui sont en sous-charge. Vous disposez donc de premières marges de manœuvre interne. Vous avez un dimensionnement réaliste des transferts que vous souhaitez réaliser. Il ne vous reste plus qu'à démontrer et à mettre en œuvre la récupération de ces gains.

✓ Priorisation d'analyses complémentaires : vous disposez de la liste des processus, des étapes de travail qui les constituent et d'une estimation du temps de chacune d'entre elles. Le consultant soucieux des deniers de son client et de ceux de son employeur utilisera la Loi de Pareto (80/20) (*cf.* Fiche méthode 4 : Analyser des processus p. 59) pour orienter les analyses complémentaires vers les sources potentielles de gains rapides et importants. Faites de même car la durée de votre période de grâce est votre contrainte.

Analyser des circuits

➥ Objectif

Préparer la récupération de temps affecté et la négociation de modification de processus avec d'autres entités.

➥ Moyen

Démontrer les lourdeurs et la complexité du circuit de traitement des processus.

➥ Documents source

Procédures,

Fiches de fonction (RH) ou de poste,

Études d'organisation.

➥ Éléments de méthodologie

Les difficultés de mise en œuvre et d'atteinte de l'objectif se situent sur trois points :

- La clarté du schéma qui s'obtient en évitant le croisement des lignes de flux.
- Le dimensionnement des choix de traitement qui doit être réalisé à partir du comptage des éléments sur une période significative (une année par exemple). Le but est d'établir un ratio qui vous permettra de clarifier les impacts et les enjeux des difficultés ainsi que l'intérêt des solutions proposées.
- La récupération des informations qui concernent les travaux réalisés en amont et en aval de votre entité. Ce point doit être examiné avec vos homologues sans délivrer vos objectifs. C'est la nature des travaux effectués dans leur service ou département, la maîtrise des travaux dans votre entité qui doivent être les prétextes de ces échanges.

↪ Mode de réalisation

Identifiez les étapes de travail que vous voulez formaliser

Prenez celles qui revêtent une importance stratégique à vos yeux :

- en multiservice, celles qui mettent en évidence le mauvais positionnement de travaux qui sont hors de vos missions ;
- en interne, celles qui justifieront des analyses plus poussées, une réorganisation, l'adaptation des fiches de postes...

Cherchez trois ou quatre exemples multipliant les complexités, les contrôles redondants, les allers et retours entre positions de travail, l'émiettement de la répartition des tâches... car vous ne pouvez pas travailler sur un seul cas dont on pourrait vous objecter qu'il soit unique.

Sélectionnez-en deux ou trois et formalisez-les. Ils pourront vous servir lors de votre présentation.

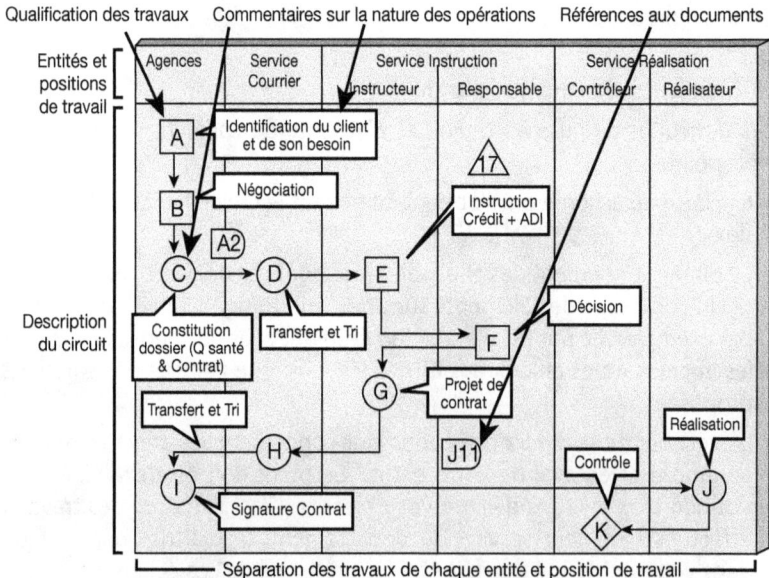

Illustration 11
Circuit de traitement

Formalisez vos exemples

Définissez le nombre de positions de travail intervenant sur votre circuit et tracez un nombre équivalent de colonnes.

Indiquez dans chaque colonne le nom de l'entité et de chaque position de travail (*cf.* illustration 11).

Représentez chaque tâche par un des symboles que vous trouverez en illustration 12.

Illustration 12
Légende d'une formalisation de circuit

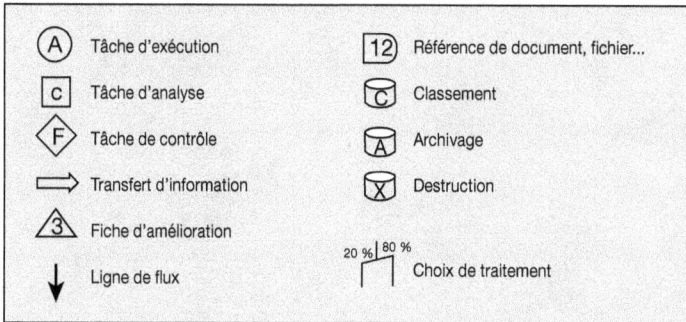

(A)	Tâche d'exécution	[12]	Référence de document, fichier...
[c]	Tâche d'analyse		Classement
<F>	Tâche de contrôle		Archivage
⇨	Transfert d'information		Destruction
/3\	Fiche d'amélioration	20 % / 80 %	
↓	Ligne de flux		Choix de traitement

Reliez chaque tâche par une ligne de flux indiquant le sens de celui-ci.

Complétez par des commentaires explicatifs de chaque tâche.

Indiquez la référence des documents utilisés ainsi que celle des fiches d'amélioration.

↪ Avertissements

Outils coûteux en temps à n'utiliser que ponctuellement sur des processus ou étapes sur lesquels vous avez identifié un grand nombre d'intervenants.

Cadrez vos exemples multiservices sur des étapes de travail qui ont un impact réel dans votre entité. Évitez ce qui pourrait être compris comme une mise en cause tous azimuts, voire une critique de la gestion de votre supérieur hiérarchique !

Fiche méthode

↪ Clé d'analyse et approfondissements

✓ Simplification et regroupement de tâches : votre diagnostic pourra émerger au moment de la présentation de ce type de document d'autant plus facilement que vous aurez analysé les enjeux (réduction de délais, diminution du nombre d'erreurs, gains de productivité, amélioration de l'intérêt du travail permettant une remotivation du personnel...).

Fiche méthode

Analyser des processus

↪ Objectifs

Rationaliser les méthodes de travail,

Préparer le changement.

↪ Moyen

Analyse et formalisation des méthodes de travail.

↪ Documents source

Procédures,

Fiches de poste ou de fonction (RH).

↪ Éléments de méthodologie

Dans les pages suivantes, vous allez trouver un dispositif qui couvre l'ensemble des éléments nécessaires à la préparation et à la réalisation d'un programme d'analyse des processus. La méthode que nous avons choisi de vous présenter est adaptée à votre contexte de prise de fonction (RH)/poste.

Pour en faciliter la lecture le texte est organisé en trois parties :

• Cadrer le champ d'analyse ;

• Définir le mode d'analyse ;

• Gérer la participation.

Cadrer le champ d'analyse

Ce point a pour objectif de vous aider à définir le périmètre de votre analyse (*cf.* illustration 13, p. 60).

Les résultats de votre tableau de répartition du temps vous donnent l'ensemble des éléments pour cadrer votre champ d'analyse, le découper pour le confier à plusieurs « analystes », prioriser certaines analyses ou planifier leur déroulement.

Illustration 13

Application de la Loi de Pareto pour cadrer le champ d'analyse

Étapes	Temps affecté en heures	Répartition du temps	Cumul	Structure du nombre d'étapes
Vérification et mise en place des avances de trésorerie	2 697	25,93 %	26 %	3 %
Mise en place de dépôts à terme	1 756	16,88 %	43 %	7 %
Préparation des échéances des avances de trésorerie	1 157	11,13 %	54 %	10 %
Domiciliation et traitement des anomalies des LCR	1 083	10,41 %	64 %	14 %
Créer les garanties données	897	8,63 %	72 %	17 %
Vérification des garanties reçues	577	5,55 %	79 %	21 %
Liquidation de dépôts à terme	206	1,96 %		24 %
Levée de contrat de dépôts à terme	183	1,76 %	82 %	28 %
Réception des LCR	174	1,67 %	84 %	31 %
Traitement des échéances des avances de trésorerie	165	1,59 %	86 %	34 %
Clôturer les engagements donnés	150	1,44 %	87 %	38 %
Renouvellement de dépôts à terme	142	1,37 %	88 %	41 %
Rejet des LCR	122	1,17 %	90 %	45 %
Appel de garanties reçues	118	1,13 %	91 %	48 %
Réunions de Service	112	1,08 %	92 %	52 %
Temps prêté à d'autres unités	105	1,01 %	93 %	55 %
Suivi des échéances des garanties reçues	97	0,93 %	94 %	59 %
Suivre les commissions des garanties données	96	0,92 %	95 %	62 %
Tenue des tableaux de bord	94	0,90 %	95 %	66 %
Autres réunions	80	0,77 %	96 %	69 %
Recevoir un appel sur les engagements donnés	78	0,75 %	97 %	72 %
Comptabilisation des LCR	65	0,63 %	98 %	76 %
Reporting Direction	60	0,58 %	98 %	79 %
Modifier un engagement sur les garanties données	45	0,43 %	99 %	83 %
Formation reçue	43	0,41 %	99 %	86 %
Réunion de Direction	40	0,38 %	99 %	90 %
Reporting Audit	25	0,24 %	100 %	93 %
Actualisation des garanties reçues adossées à un prêt	17	0,16 %	100 %	97 %
Formation dispensée	16	0,15 %	100 %	100 %

Étapes dont l'analyse est à prioriser

Pour réduire les délais et les coûts d'une analyse des processus et/ou limiter l'analyse aux étapes produisant les gains de productivité les plus importants, appliquez la Loi de Pareto. Cette dernière spécifie que 20 % des étapes de processus vont rassembler 80% de la charge de travail.

En étudiant ces étapes, vous concentrez l'analyse sur les travaux rassemblant les gains les plus significatifs (*cf.* illustration 14, p 61).

Fiche méthode

© Groupe Eyrolles

Illustration 14

Formalisme de l'analyse des processus

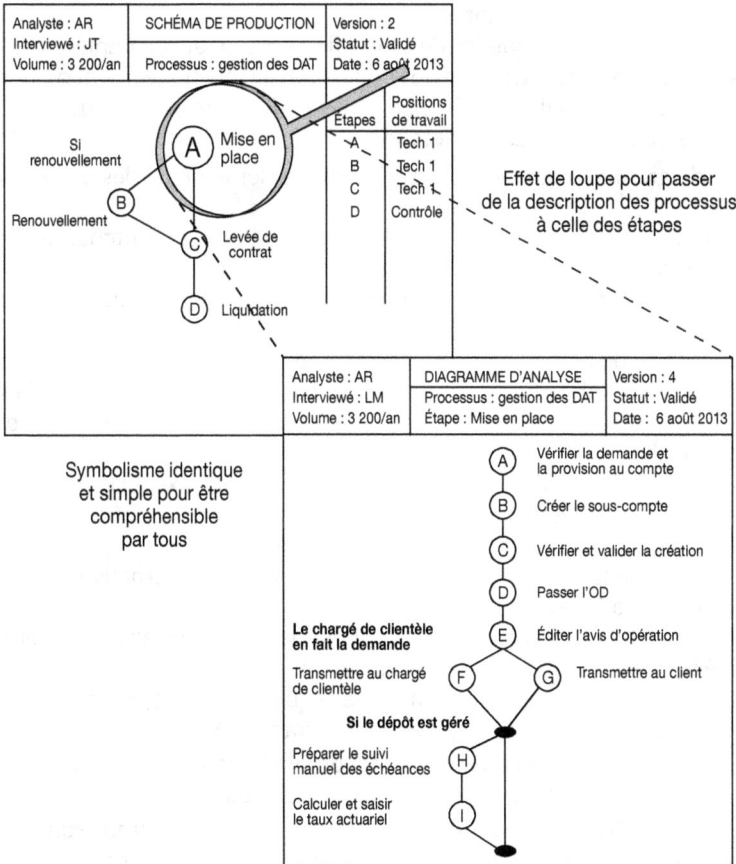

Analyste : AR	SCHÉMA DE PRODUCTION	Version : 2
Interviewé : JT		Statut : Validé
Volume : 3 200/an	Processus : gestion des DAT	Date : 6 août 2013

Étapes	Positions de travail
A	Tech 1
B	Tech 1
C	Tech 1
D	Contrôle

Si renouvellement

(A) Mise en place

Renouvellement

(B)

(C) Levée de contrat

(D) Liquidation

Effet de loupe pour passer de la description des processus à celle des étapes

Analyste : AR	DIAGRAMME D'ANALYSE	Version : 4
Interviewé : LM	Processus : gestion des DAT	Statut : Validé
Volume : 3 200/an	Étape : Mise en place	Date : 6 août 2013

Symbolisme identique
et simple pour être
compréhensible
par tous

(A) Vérifier la demande et la provision au compte

(B) Créer le sous-compte

(C) Vérifier et valider la création

(D) Passer l'OD

Le chargé de clientèle en fait la demande   (E) Éditer l'avis d'opération

Transmettre au chargé de clientèle (F)   (G) Transmettre au client

Si le dépôt est géré

Préparer le suivi manuel des échéances (H)

Calculer et saisir le taux actuariel (I)

Définir le mode d'analyse

L'analyse s'effectue à l'aide de deux outils qui permettent de détailler les processus (cf. illustration 2 p. 22) :

• **Le schéma de production** représente le processus choisi en détaillant les étapes qui le composent.

Les trois règles de « découpage » des étapes sont :

Unité de temps : la séquence de travail ne nécessite aucun arrêt, elle peut être réalisée sans interruption.

Unité de lieu : la séquence de travail ne nécessite aucun déplacement.

Unité de position : la même position de travail (postes réalisant des travaux de même nature et de même niveau de complexité) peut réaliser l'ensemble des travaux de l'étape.

- **Le diagramme d'analyse** permet de formaliser le détail des étapes de processus.

Pour favoriser la communication et l'appropriation des contenus, le formalisme est simple et identique sur les deux outils.

Les étapes et les tâches sont représentées par un cercle dans lequel on note la référence de chacune d'entre elles.

La lecture de l'enchaînement des opérations s'effectue de haut en bas. Des traits symbolisent les enchaînements entre les étapes et les tâches. Chaque schéma commence par un cercle symbolisant une étape ou une tâche.

Dans certains cas, traitement des anomalies par exemple, plusieurs entrées concomitantes sont possibles pour valider que toutes ont été prises en compte, on commence par un point neutre.

Le point neutre peut être aussi utilisé à la fin d'une alternative ou d'un choix de traitement.

Pour symboliser la fin du schéma, il est parfois nécessaire d'utiliser la même formalisation (*cf.* illustration 15, p. 63).

En dehors de la représentation d'une séquence linéaire, l'analyste dispose de deux autres possibilités (*cf.* illustration 15, p. 63) :

- **Le choix de traitement** qui permet de symboliser que deux solutions ou plus peuvent suivre. On peut le traduire par « OU ».
- **L'alternative** conditionnelle qui permet de séparer du tronc commun les traitements spécifiques. Sa correspondance logique est « SI ».

- Les propositions d'évolution identifiées durant la phase d'analyse sont formalisées sur les fiches d'amélioration. Elles peuvent être proposées par l'analyste ainsi que par les collaborateurs interviewés. Une part d'entre elles sera issue des séances d'analyse au moment de la validation. Un symbole permet de noter les améliorations sur les schémas de production et diagrammes d'analyse. Il contient la référence de la fiche.

La référence de la fiche d'amélioration sera très utile notamment lorsque l'on voudra décrire ou quantifier les gains, valider les améliorations et les mettre en œuvre. Sur un champ d'analyse tel qu'un back-office du tertiaire administratif le nombre de fiches peut largement dépasser la centaine.

Une fiche comprend une seule proposition et décrit la situation initiale, la proposition de modification, la nature du gain et son estimation, les impacts du changement proposé (*cf.* illustration 16, p. 64).

Illustration 15
Diagramme d'analyse

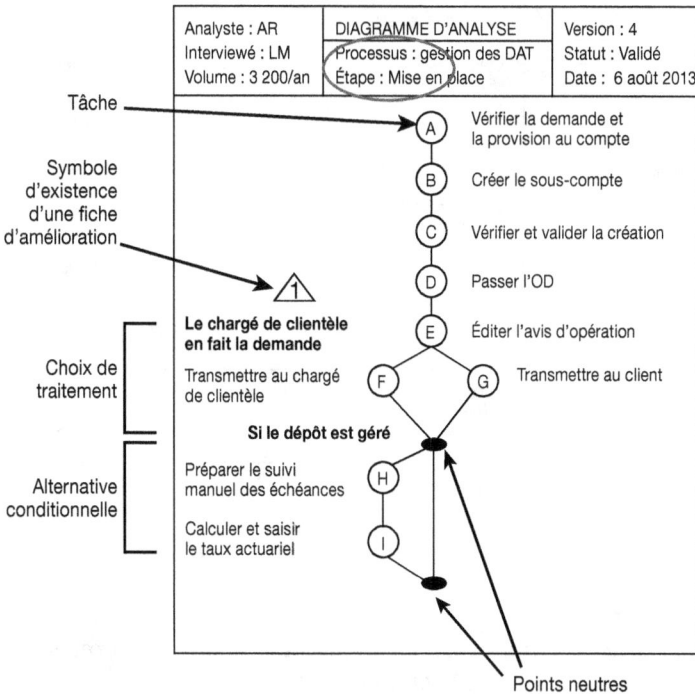

Points neutres

Illustration 16

Fiche d'amélioration

Rappel des volumes

Situation dans
le champ d'analyse

Analyste : AR	FICHE D'AMÉLIORATION	Référence : 1
Interviewé : LM	Processus : Gestion des DAT	Statut : Proposition
Volume : 3 200/an	Étape : Mise en place	Date : 28 mai 2013

Description
de la situation

Situation initiale :
Lors de la mise en place des dépôts à terme la transmission
de l'avis d'opération se fait soit par la voie normale (courrier
au client), soit par l'entremise du chargé de clientèle.

Changement
proposé

Proposition :
Envoyer tous les avis d'opération par la voie normale.

Gain escompté

Nature du gain :
Simplification de circuit
Gain de temps au BO

Estimation du gain :
5 mn – 0,5 = 4,5 mn
3 200 * 30 % = 960
960 * 4,5 = 4 320 soit 72 heures/an ou 0,05 ETP ou 1,5 KE

Qualification
et quantification
des enjeux

Impact :
Différence de coût d'envoi négligeable car joint aux autres envois
programmés

Perte de qualité client faible car attente souvent plus longue pour
avoir l'information

Validation :   Date :   Visa :

ACCEPTÉ / REFUSÉ

Validation effet cliquet et préparation
de la mise en œuvre

Gérer la participation

Pour favoriser l'appropriation des résultats et leur mise en œuvre, nous
vous proposons un dispositif en trois points :

• Dimensionner l'équipe d'analyse ;

• Organiser les validations ;

• Accompagner le projet d'une communication soutenue.

Dimensionner l'équipe d'analyse

Si votre champ d'analyse est réduit, le nombre de processus à étudier faible, la charge de travail limitée et vos délais peu contraignants nous vous conseillons de réaliser vous-même l'analyse ou de la déléguer à l'un de vos collaborateurs.

En revanche, si votre organisation a un effectif important, profitez-en ! Choisissez des collaborateurs coopératifs, transformez-les en « analystes » et prenez le rôle de chef de projet.

Le nombre d'analystes dépend du champ d'analyse que vous avez délimité. Vous allez devoir trouver un équilibre entre la rapidité souhaitée de l'analyse et la perturbation du travail qu'elle va provoquer.

Quelques éléments pour déterminer leur nombre :

- l'analyse se déroule par de brefs entretiens sur le poste de travail habituel des interviewés ;
- les analystes vont passer environ la moitié du temps à formaliser les résultats, le reste en entretien ;
- dans une situation idéale les analystes doivent être deux au minimum pour pouvoir s'entraider, se motiver ;
- les interviewés accepteront difficilement plus d'un entretien par jour.

Organiser les validations

Les séances d'analyse permettent de valider chacun des processus analysés. Pour être efficace, une séance d'analyse dure entre 2 et 4 heures et permet la validation de 1 à 3 processus. Le compte rendu de chaque séance est diffusé aux participants dès le lendemain.

Pour favoriser la participation et l'expression la plus large, le choix des participants est essentiel :

- Deux à trois collaborateurs de votre entité représenteront les positions de travail impliquées. Il est préférable de sélectionner des personnes qui n'ont pas été mises à contribution durant l'analyse pour les processus qu'elles valideront. Durant la séance, ces personnes seront éventuellement renouvelées à chaque processus.
- Le processus comporte un amont et un aval qui se situent en dehors de votre entité, aussi faut-il inviter un ou deux représentants des positions de travail externes. Leur nombre sera limité à deux, vos invitations

seront fixées en fonction de l'impact supposé dans les autres entités. Évitez de faire participer les responsables, il s'agit d'un travail opération- nel qui doit être réalisé par les opérationnels qui seront impactés. Vous aurez pris soin d'informer préalablement vos homologues et vous leur donnerez toutes précisions utiles à l'issue de la séance d'analyse.

- Un « Candide » est invité à l'ensemble des séances d'analyse. Si le nombre de séances est trop important, répartissez-les par thèmes entre deux ou trois personnes pouvant remplir ce rôle. Plus l'ampleur supposée du chan- gement est importante, plus vous devrez sélectionner des personnalités ouvertes, communicatives, reconnues, des leaders d'opinion.

- La séance d'analyse est animée par celui ou celle qui a réalisé l'analyse. Un autre analyste prend en notes et sera chargé de réaliser le compte rendu.

Accompagner le projet d'une communication soutenue

La communication doit être préalable à tous les travaux. Elle officialise le lancement du projet et explique à chacun son rôle.

Nous préconisons une réunion de l'ensemble des collaborateurs spéciale- ment dédiée à ce sujet. Expliquez ce que vous allez faire et comment cela va être fait, n'omettez pas l'objectif recherché. Vous devez animer cette présentation et favoriser largement l'expression de chacun.

Ensuite, la communication doit être régulière tout au long du projet.

Si l'analyse est planifiée sur une période supérieure à cinq ou six semaines, vous devez faire un point intermédiaire permettant à vos collaborateurs de voir les premiers résultats, l'avancée des travaux.

Enfin, il faudra conclure la phase d'analyse et indiquer les résultats et les suites que vous souhaitez donner.

→ Mode de réalisation

En tant que chef de projet l'attitude des analystes que vous devez susciter est double. Celle de « Candide » qui découvre et se fait expliquer les trai- tements pour bien les comprendre, qui est en position d'écoute et refor- mule les propos de son interlocuteur et celle de la rigueur qui permettra de n'écarter aucune hypothèse.

Le soin et la clarté de la formalisation (jamais deux lignes ne se croisent, commentaires concis et synthétiques pour définir chaque tâche commençant par un verbe d'action à l'infinitif) et l'organisation du travail des analystes (la formalisation se réalise le jour même de l'entretien, les analyses commencées

Fiche méthode

doivent être achevées sous huit jours) permettront d'atteindre la rigueur nécessaire.

Un suivi régulier de votre part est la condition de leur réussite.

C'est aussi la condition de réussite des séances d'analyse. Les participants recevront avec leur convocation l'ensemble des documents d'analyse qui seront validés en séance. Ces mêmes documents amendés des modifications apportées durant la séance d'analyse serviront d'annexes au compte rendu.

Le déroulement de la séance d'analyse permet de faire un rapide tour de table pour que tous les participants puissent se présenter. L'animateur précise à quel titre chaque personne intervient. La confidentialité des propos est assurée aux participants pour qu'ils puissent s'exprimer le plus librement possible.

Après une brève présentation de la méthode utilisée, on valide les processus.

Votre suivi quotidien consiste à rapprocher le nombre de fiches d'amélioration du nombre de processus analysés.

La validation opérationnelle réalisée, vous avez en charge de la faire entériner par votre responsable hiérarchique, notamment si d'autres entités sont impactées par les évolutions envisagées.

⇢ Avertissements

L'analyse des processus est consommatrice de temps, elle peut être réalisée par partie ou ciblée sur des facteurs spécifiques (risques, délais, qualité, productivité…).

L'analyse des processus n'a qu'un intérêt limité en elle-même. Pour prendre toute sa valeur, elle doit pouvoir donner lieu à une adaptation des méthodes. Cette adaptation va entraîner des modifications de pratiques chez vos collaborateurs.

Le changement de nos habitudes est une des choses à laquelle chacun d'entre nous répugne. Il faut donc aider les personnes à changer et à s'approprier le changement (*cf.* illustration 17).

Nous pouvons contribuer par nos actions à renforcer les tendances naturelles de résistances au changement (*cf.* illustration 18) ; pour l'éviter il faut soigner la communication et l'appropriation du changement dès l'amont des projets (*cf.* Fiche méthode 21 : Construire un plan de communication p. 171).

L'analyse révèle des améliorations que les collaborateurs ne doivent pas mettre en œuvre sans coordination et sans validation car les impacts ne pourraient en être maîtrisés.

Illustration 17

Création d'un processus d'appropriation du changement

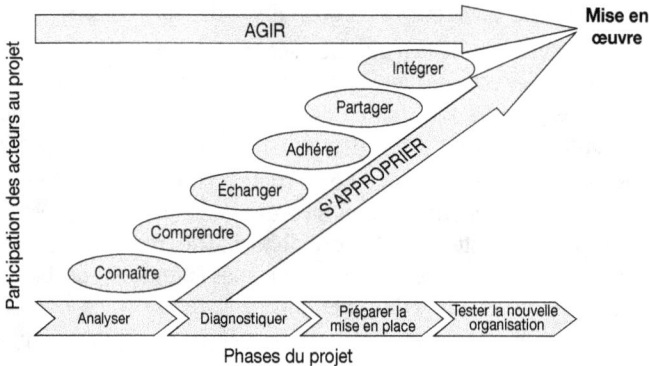

La validation des fiches d'amélioration doit servir « d'effet cliquet » pour éviter tout retour en arrière.

Illustration 18

Gestion de la résistance au changement

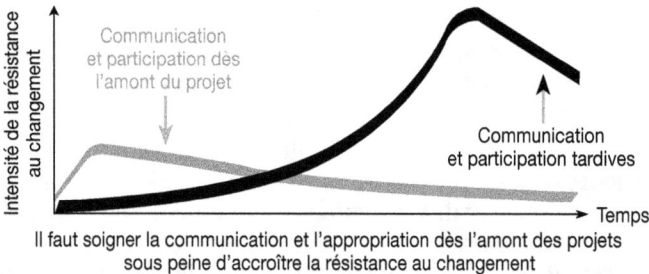

Il faut soigner la communication et l'appropriation dès l'amont des projets sous peine d'accroître la résistance au changement

➥ Clés d'analyse et approfondissements

✓ Assouplissement de votre organisation : pour fonctionner avec un effectif un peu « serré », des améliorations de méthodes ou de circuits, notamment la simplification de l'enchaînement des tâches, la suppression de tâches inutiles doivent être réalisées...

✓ Qualité de service aux clients internes et externes de l'entreprise : l'amélioration des délais de traitement, la réduction du nombre d'anomalies et de réclamations sont autant de pistes à explorer.

Formaliser des processus

➟ Objectifs

Accompagner des changements d'organisation ou de système d'information.
Réduire les écarts entre l'organisation souhaitée et les pratiques des collaborateurs.

➟ Moyens

Définir les règles de fonctionnement interne.
Partager les responsabilités et les travaux à accomplir.

➟ Documents source

Procédures existantes,
Rapports d'audit concernant votre service, votre département ou votre direction.

➟ Éléments de méthodologie

La formalisation des processus peut être réalisée de plusieurs manières. La procédure n'est que la forme de représentation la plus répandue ou tout au moins la plus connue, mais chaque forme s'adapte à un contexte, à un besoin.
C'est l'objectif recherché qui doit guider votre choix du mode de formalisation.

En dehors des diagrammes d'analyse, comme ceux que vous avez vus dans les chapitres précédents (*cf.* fiche méthode 3 : Analyser des circuits p. 55, et fiche méthode 4 : Analyser des processus p. 59), il existe cinq objectifs (*cf.* illustration 19) auxquels les formes de représentation des processus s'adaptent :

• partage des responsabilités entre les directions ;
• partage des responsabilités opérationnelles entre les collaborateurs ;

- définition des règles de fonctionnement inter-entités ;
- définition des règles de fonctionnement internes aux entités ;
- appropriation et utilisation des outils par les collaborateurs ou gestion de crise (départ massif et rapide du personnel…).

Illustration 19

Objectifs et modes de formalisation des processus

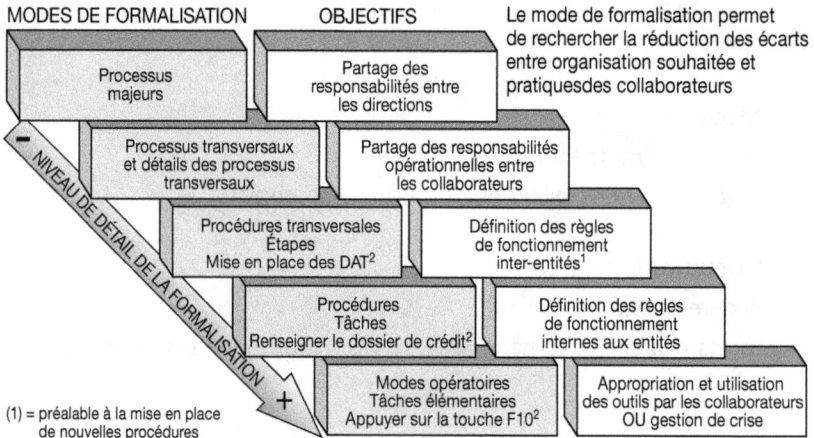

MODES DE FORMALISATION   OBJECTIFS   Le mode de formalisation permet de rechercher la réduction des écarts entre organisation souhaitée et pratiquesdes collaborateurs

Processus majeurs — Partage des responsabilités entre les directions

Processus transversaux et détails des processus transversaux — Partage des responsabilités opérationnelles entre les collaborateurs

Procédures transversales Étapes Mise en place des DAT[2] — Définition des règles de fonctionnement inter-entités[1]

Procédures Tâches Renseigner le dossier de crédit[2] — Définition des règles de fonctionnement internes aux entités

Modes opératoires Tâches élémentaires Appuyer sur la touche F10[2] — Appropriation et utilisation des outils par les collaborateurs OU gestion de crise

NIVEAU DE DÉTAIL DE LA FORMALISATION

(1) = préalable à la mise en place de nouvelles procédures
(2) = exemples

➥ Mode de réalisation

- La charge de travail nécessaire à la formalisation de processus est variable en fonction de l'objectif et du mode formalisation qui vous conviennent. Si vous avez réalisé l'analyse des processus selon la méthode préconisée dans la fiche méthode 4 « Analyser des processus », les trois premiers objectifs des modes de formalisation proposés dans la fiche méthode 5 « Formaliser des processus » sont faciles à atteindre sans imposer une charge de travail importante. Les deux derniers objectifs nécessitent un travail dont la charge est plus lourde. Il faut donc définir l'objectif et le périmètre du chantier que vous souhaitez lancer. Si l'objectif dépasse votre périmètre de responsabilité, il faudra vous assurer de l'accord de votre hiérarchique, de vos pairs concernés et de la direction de l'organisation s'il

en existe une dans l'entreprise. Avec cette dernière jouez plutôt la coopé-
ration et la délégation de moyens, elle peut être d'une aide précieuse ou
constituer un obstacle incontournable.

• La charge de travail nécessaire à la formalisation de procédures est
lourde, et elles n'ont de valeur que si elles sont actualisées régulièrement.
Pour ces raisons, nous vous conseillons de répartir la charge de travail
sur un nombre important de collaborateurs.

La rédaction de procédures n'a jamais enthousiasmé les foules, aussi faut-
il planifier ce type de projet sur des périodes aussi courtes que possible.
La mobilisation des experts de chacun des processus est la voie à privilégier à condition de leur fournir une planification à respecter, une trame
rédactionnelle qui créera l'homogénéité des manuels et l'obligation de
saisir eux-mêmes les textes. Enfin, un comité de lecture, auquel doit
être associé l'Audit, la Conformité et/ou la Qualité... doit s'assurer de la
pertinence des contenus.

↪ Avertissements

Il existe certainement des règles de rédaction, de formalisation des processus au sein de votre entreprise ; assurez-vous de leur actualité et de
leur capacité à remplir l'objectif que vous voulez atteindre.

En cas de résistance de vos pairs ou de la direction de l'organisation, deux
solutions de sortie sont possibles :

• la recherche d'une validation par la direction de l'établissement ou de
l'entreprise ;

• la révision des objectifs et le repli sur votre périmètre de responsabilité.

↪ Clés d'analyse et approfondissements

✓ Mesure du renforcement de l'efficacité et de l'autonomie : grâce aux
modes opératoires (*cf.* fiche méthode 23, p. 189), vous allez élargir les
travaux que vous allez pouvoir confier aux personnels permanents comme
à ceux qui viennent en renfort de votre organisation, sans accroître la
charge de formation ou d'encadrement.

✓ Faire face au renouvellement rapide de l'effectif : la formalisation des
processus peut s'accompagner du renforcement de la spécialisation
et établir un travail « posté » pour faire face à une situation de crise.

Optimiser le dimensionnement de l'effectif

➥ Objectifs
Absorber une plus forte charge de travail à effectif constant.
Adapter l'effectif à l'évolution de la charge de travail.

➥ Moyen
Mesurer la charge de travail et définir l'effectif nécessaire à son traitement.

➥ Documents source
Rapports d'audit.
Base des calculs de dimensionnement de votre entité déterminée par le service Organisation.

➥ Éléments de méthodologie
Pour calculer le dimensionnement, il faut commencer par calculer la charge de travail. À celle-ci il faut ajouter le « P.F.D. » (*cf.* p. 46 et 74). Ensuite, il faut vérifier les fluctuations de la charge et les critères de qualité qui permettent des déports de traitements dans le temps. Les pages qui suivent reprennent ces différentes étapes.

La méthode proposée recherche le temps de travail nécessaire à la réalisation du processus moyen quelles que soient les variations du traitement. Ce parti pris a pour but de simplifier la compréhension des collaborateurs, de limiter le temps de formalisation et de faciliter la tenue d'outils de gestion permettant le suivi ultérieur de l'effectif.

La charge de travail
Elle se calcule à partir du temps unitaire de chaque tâche. C'est l'estimation de l'opérateur habituel soumise au bon sens de l'analyste qui

est retenue. Pour faciliter le travail de l'analyste, les temps unitaires sont exprimés en minutes. Lorsqu'il est nécessaire de fractionner le temps pour éviter des conversions fastidieuses, les analystes travailleront en dixième et centièmes de minutes. Pour rester fiable, l'analyste affinera l'analyse lorsque les collaborateurs lui proposeront des tâches dont la durée unitaire sera égale ou supérieure à 20 minutes.

Lors de la formalisation, l'analyste rapprochera les différents temps unitaires. S'il trouve des temps aberrants, il reviendra auprès des personnes interviewées ou des collaborateurs de la même position de travail pour les vérifier et retenir le temps le plus réaliste.

Les séances d'analyse valideront à nouveau les temps unitaires et le temps total des étapes et du processus.

L'analyse reposant sur un grand nombre de tâches, les erreurs se compenseront.

L'analyste multipliera le temps unitaire de chaque tâche par la fréquence de son apparition dans l'étape pour obtenir le temps pondéré (*cf.* exemple 20). C'est l'addition des temps pondérés qui donne la charge de travail totale d'une étape moyenne pour un élément.

La charge de travail totale de chaque étape sera reportée sur le schéma de production dans la colonne temps unitaire. Une deuxième fois, la pondération du temps unitaire sera réalisée par la fréquence. Cette fois-ci c'est la fréquence de l'apparition de l'étape dans le processus qui est prise en compte.

Le coefficient « P.F.D. »

Le P.F.D. (Personnel, Fatigue, Dérangements) est un coefficient issu des nombreuses études qui ont marqué l'après-guerre. Il a la vertu de permettre la différenciation entre charge de travail et temps de travail.

Selon les travaux de plusieurs auteurs américains de l'école de l'Organisation scientifique du travail (O.S.T.), le temps de travail ne comporte pas que du temps efficace. M. Maslow définit notamment qu'il existe trois critères de déperdition du temps durant lequel l'individu ne traite pas de charge de travail :

- Personnel : temps nécessaire pour résoudre nos besoins sociaux et primaires (prendre des nouvelles du collègue qui revient de maladie, pauses...) ;
- Fatigue : coefficient qui prend en compte nos fluctuations de productivité (retour de week-end, période après déjeuner...) ;

- Dérangements : pertes de temps occasionnées par les autres (collègues à la recherche d'un renseignement, client qui veut savoir où en est son dossier…).

Le « P.F.D. » varie bien sûr en fonction des environnements dans lesquels vos collaborateurs sont appelés à travailler. Dans les entités qui sont peu en contact avec les clients, tel qu'un service centralisé, si nous le comparons avec un point dédié à l'accueil du public, le « P.F.D. » à ajouter à la charge de travail totale est de 15 % de celle-ci.

Au delà de ces propos qui peuvent sembler théoriques, nous avons vérifié récemment la valeur de ces coefficients dans deux cas :

- Lors de la mise en place de l'ARTT (Aménagement et Réduction du Temps de Travail), nous avons été amené à vérifier productivité et dimensionnement dans plusieurs services centralisés de banques régionales et nos observations, quelles que soient les méthodes utilisées, nous ont toutes confirmé la validité de ce taux.

- Plus récemment, suite à la fusion de deux banques régionales, lors du redimensionnement des unités centralisées de la filière crédit, nous avons pu vérifier que l'adjonction du ratio de 15 % à la charge de travail permettait un fonctionnement harmonieux.

Illustration 20

Pondération des temps unitaires

		SCHÉMA DE PRODUCTION		Version : 2

Analyste : AR
Interviewé : JT
Volume : 3 200/an
Processus : gestion des DAT
Statut : Validé
Date : 26 mai 2013

Si renouvellement — 30 %
Renouvellement

- A : Mise en place
- B
- C : Levée de contrat
- D : Liquidation

Étape	Position de travail	Temps unitaire en mn	Fréquence en %	Temps pondéré en mn
A	Tech 1	8,05	100	8,05
B	Tech 1	4,55	30	1,37
C	Tech 1	2,00	100	2,00
D	Contr.	5,00	100	5,00

Total pondéré : 16,42

Temps pondérés
Fréquences
Temps unitaires

Temps unitaire
x
Fréquence
=
Temps pondéré

		DIAGRAMME D'ANALYSE		Version : 4

Analyste : AR
Interviewé : LM
Volume : 3 200/an
Processus : gestion des DAT
Étape : Mise en place
Statut : Validé
Date : 6 août 2013

- A : Vérifier la demande et la provision au compte
- B : Créer le sous-compte
- C : Vérifier et valider la création
- D : Passer l'OD
- E : Éditer l'avis d'opération
- F : Transmettre au chargé de clientèle (Si le chargé de clientèle en fait la demande — 30 %)
- G : Transmettre au client (70 %)
- H : Préparer le suivi manuel des échéances (Si le dépôt est géré — 40 %)
- I : Calculer et saisir le taux actuariel

Étape	Temps unitaire en mn	Fréquence en %	Temps pondéré en mn
A	2	100	2
B	0,5	100	0,5
C	0,5	100	0,5
D	1	100	1
E	0,2	100	0,2
F	5	30	1,5
G	0,5	70	0,35
H	2	40	0,8
I	3	40	1,2

Total pondéré : 8,05

Le résultat recherché est la charge de travail d'un processus moyen quelles que soient ses variations

Fiche méthode

Illustration 21

Consolidation des temps de traitement

Analyste : AR	SCHÉMA DE PRODUCTION	Version : 2
Interviewé : JT		Statut : Validé
Volume : 3 200/an	Processus : gestion des DAT	Date : 26 mai 2013

Schéma de production (étapes A, B, C, D) :
- A : Mise en place
- B
- C : Levée de contrat
- D : Liquidation

Si renouvellement 30 %
Renouvellement

Étape	Position de travail	Temps unitaire en mn	Fréquence en %	Temps pondéré en mn
A	Tech 1	8,05	100	8,05
B	Tech 1	4,55	30	1,37
C	Tech 1	2,00	100	2,00
D	Contr.	5,00	100	5,00
Total pondéré :				16,42

La pondération des temps unitaires s'effectue à deux reprises

Analyste : AR	DIAGRAMME D'ANALYSE	Version : 4
Interviewé : LM	Processus : gestion des DAT	Statut : Validé
Volume : 3 200/an	Étape : Mise en place	Date : 6 août 2013

Le résultat est une charge de travail brute à laquelle il faut ajouter le P.F.D.

Diagramme d'analyse :
- A : Vérifier la demande et la provision au compte
- B : Créer le sous-compte
- C : Vérifier et valider la création
- D : Passer l'OD
- E : Éditer l'avis d'opération — Si le chargé de clientèle en fait la demande (30 %) / (70 %)
- F : Transmettre au chargé de clientèle
- G : Transmettre au client
- Si le dépôt est géré (40 %)
- H : Préparer le suivi manuel des échéances
- I : Calculer et saisir le taux actuariel

Étape	Temps unitaire en mn	Fréquence en %	Temps pondéré en mn
A	2	100	2
B	0,5	100	0,5
C	0,5	100	0,5
D	1	100	1
E	0,2	100	0,2
F	5	30	1,5
G	0,5	70	0,35
H	2	40	0,8
I	3	40	1,2
Total pondéré :			8,05

Fluctuation de charge et déports des traitements

La charge de travail est rarement régulière.

Illustration 22

Fluctuation de la charge de travail

Traitements centralisés
de l'activité crédit en heures entre 9/12 et 8/13

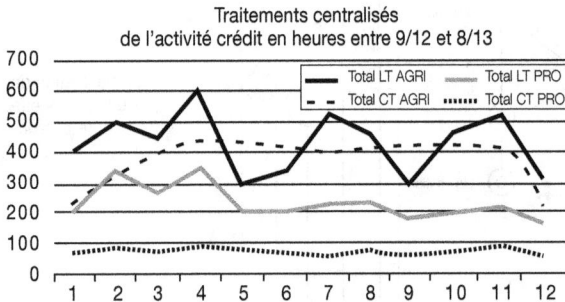

L'organisateur pour la rendre plus régulière, rassemble des processus de même nature mais de cycles différents.

Cela suffit rarement à avoir une charge égale tous les jours de la semaine, chaque semaine du mois et chaque mois de l'année. Aussi utilise-t-il d'autres moyens (appel à la sous-traitance en période de pointe, adjonction de personnel non permanent, aménagements de méthode…).

Toutefois, le plus important d'entre eux reste le dimensionnement. L'arbitrage entre qualité (délai de réponse ou de livraison aux clients…) et obtention du meilleur taux de productivité implique souvent l'acceptation de déports de travaux et de stocks ou de délais. L'organisateur convertit cet arbitrage en taux de couverture (*cf.* illustration 23).

Lorsque la qualité n'est pas un élément considéré comme majeur dans l'entreprise, l'organisateur applique des taux standards (80-85 %).

À tout cela, la direction des ressources humaines ajoute quelques outils pour permettre aux gestionnaires d'ajuster la charge de travail avec la disponibilité des ressources (horaires variables, règles de prise de congés…).

Illustration 23
Dimensionnement de l'effectif

Taux de couverture	Dimensionnement et délais	Effectif nécessaire

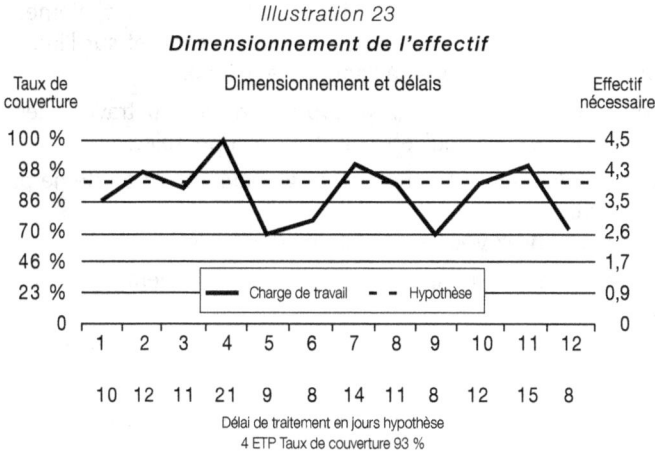

Délai de traitement en jours hypothèse
4 ETP Taux de couverture 93 %

↪ Mode de réalisation

L'attitude des analystes doit être juste et réaliste, le meilleur temps est consensuel. Accepter une estimation un peu large sur une tâche ayant une faible fréquence ne porte pas à conséquence.

En tant que chef de projet vous devez faire comprendre aux analystes qu'ils doivent faire attention à chacune de leurs actions car leur comportement ne doit pas varier face à des situations similaires.

La précision des calculs doit être inattaquable. Il n'y a pas d'embarras à parler de temps de travail. Cependant, la notion de temps est extrêmement volatile, subjective. L'analyste peut aider à l'objectiver.

En séance d'analyse, il faut aussi valider les temps. Ce qui implique, par rapport au chapitre d'analyse des processus, d'alléger l'ordre du jour des séances prévues et d'augmenter le nombre de celles-ci.

↪ Avertissements

Pour utiliser ce chapitre vous devez avoir pris préalablement connaissance de la méthode d'analyse des processus (*cf.* Fiche méthode 4, page 59) et avoir évalué votre contexte et ses risques.

L'optimisation du dimensionnement sans conflit passe par des estimations de temps réalistes et consensuelles.

Avant de vous lancer dans les calculs de dimensionnement, n'omettez pas de vous renseigner sur le niveau de qualité attendu et sur l'importance accordée par votre entreprise à l'approche qualité.

Tous les gains que vous allez pouvoir identifier au travers des fiches d'amélioration ne sont peut-être pas tous récupérables.

Si vous avez identifié une sous-charge globale, attention de ne pas citer de chiffres trop vite.

Préalablement posez-vous les questions suivantes :

- Depuis combien de temps vos collaborateurs étaient-ils habitués à ce rythme de travail ?
- Combien de temps va-t-il falloir pour accroître leur productivité de 10 %, de 15 %,... ?
- Quelles actions managériales allez-vous devoir entreprendre pour les remobiliser ?

↪ Clés d'analyse et approfondissements

✓ Équilibre coûts/qualité et analyse de la valeur : peuvent permettre de concevoir ou reconcevoir les processus en adaptant l'effort consenti à la demande réelle du client.

✓ Permanence de l'adéquation de l'effectif avec la charge de travail : elle nécessite la mise en place d'une base de référence à partir des analyses réalisées et la mise en place d'outils de gestion pour assurer le suivi des évolutions.

Chercher de nouvelles sources de performances par les benchmarks

→ Objectif

Rechercher des sources d'amélioration de l'organisation, renforcer la performance de votre département, de votre service.

→ Moyen

Comparer un processus, un dimensionnement...

→ Documents source

Dans les banques à réseau, les Caisses Nationales publient depuis longtemps des informations comparatives qui reposent la plupart du temps sur l'analyse de données financières. Les évolutions en cours qui élargissent la base et la nature des informations retenues vont permettre aux analyses réalisées de déboucher sur des applications opérationnelles.

Dans les autres secteurs d'activité, le benchmark reste limité, l'intelligence économique se développe, mais la capacité à organiser la récupération des données reste limitée.

L'externalisation de cette fonction reste, pour l'instant, à l'ordre du jour.

→ Éléments de méthodologie

Un benchmark ? Quel benchmark ? Il existe différents benchmarks. Ceux qui nous intéressent peuvent être des benchmarks internes ou externes. Interne s'entend lorsque des entreprises d'un même groupe se comparent ; externe quand l'observation concerne d'autres entreprises, éventuellement concurrentes.

Les benchmarks sont adaptés à leurs objectifs, aussi en existe-t-il toute une variété. Les méthodes sont aussi variées que leurs objectifs et périmètres.

Dans le texte qui suit les propos se limiteront aux benchmarks d'amélioration de méthodes, de productivité et de dimensionnement.

Nul n'est besoin d'être un prestigieux cabinet de conseil pour réaliser un benchmark. Chaque responsable d'entité peut faire ce travail minutieux à condition de respecter quelques précautions :

- Vérifier que les missions ou fonctions sont les mêmes,
- S'assurer du périmètre d'intervention et mesurer les écarts éventuels,
- Tenir compte du degré d'intégration des tâches au système informatique et du niveau de délégation des responsabilités qui peuvent fausser les résultats.

Méthodes

Pour réaliser un benchmark d'amélioration de méthodes vous devez :

- Définir votre objectif, son périmètre, son contexte ;
- Identifier chez vos collègues, fournisseurs, clients des travaux réalisés dans des contextes similaires, des équipes remplissant les mêmes missions ou fonctions que les vôtres ;
- Décrire le processus ou les processus suivant la méthode d'analyse des processus (*cf.* Fiche méthode 4, p. 59) ;
- Comparer l'enchaînement des travaux, les tâches réalisées, les documents et leurs contenus pour identifier les avantages et les inconvénients des méthodes auxquelles vous comparez les vôtres.

Productivité

Si votre cible est la productivité d'étapes ou de processus vous devez compléter le déroulement précédent par la méthode d'optimisation du dimensionnement :

- Avant de vous lancer dans l'analyse détaillée, réalisez vos tableaux de répartition du travail et du temps. Ils vous donneront les principaux écarts et vous permettront, si les organisations sont assez homogènes, d'envisager une comparaison plus poussée. Pour comparer vos tableaux de répartition du temps, faites-le en pourcentage, vous éviterez ainsi les écarts liés aux différences de flux.
- Ensuite, comparez les temps unitaires de chaque tâche et cherchez les explications des écarts,

- Faites de même avec les fréquences car elles peuvent différencier les résultats de façon artificielle.

Dimensionnement

Utiliser la méthode définie pour un benchmark de productivité.

- N'omettez pas de ramener les flux au même niveau,
- Pour supprimer les prismes dans l'analyse des écarts, comparez préalablement l'ancienneté des collaborateurs dans l'exécution de ce type de travaux.

➥ Mode de réalisation

Proposez à vos homologues de travailler ensemble à la recherche d'améliorations de vos organisations respectives en puisant chez l'autre les meilleures pratiques.

➥ Avertissements

Avant de vous lancer dans un benchmark, assurez-vous de bien connaître votre organisation en réalisant préalablement les analyses nécessaires.

Pour qu'un benchmark soit efficace il faut que l'observation soit détaillée, voire minutieuse. Donc un benchmark, sauf s'il porte sur un périmètre très restreint, imposera une réelle charge de travail.

Attention, un benchmark mal conçu donnera des résultats faux !

S'assurer que l'on ait le même système d'information ne se résume pas à savoir si les matériels, logiciels sont les mêmes. L'impact de l'interfaçage des applicatifs peut être extrêmement élevé en termes de consommation de temps.

➥ Clés d'analyse et approfondissements

✓ Croiser les méthodes pour confirmer les résultats : le benchmark vous permettra de confirmer un taux de productivité qui vous semble très faible, une importante poche de sous-productivité signalée par d'autres méthodes.

✓ Mettre en œuvre des analyses complémentaires : le benchmark vous a indiqué des axes de progrès, il vous reste à vous assurer de leur faisabilité dans votre contexte et à mesurer les impacts des modifications apportées.

3

EXAMINER LES MOYENS

Faire le plus avec le moins fait le résultat !

Rares sont les entreprises dispendieuses. Néanmoins, le fonctionnement de votre service dépend aussi des moyens que l'on vous aura confiés... ou que vous aurez su négocier.

Pour l'organisateur, deux grandes catégories de moyens sont nécessaires au fonctionnement d'une entité : les composantes physiques du poste de travail et le système d'information.

Il est possible de négocier avec le responsable de la logistique ou des moyens généraux pour disposer de quelques mètres carrés permettant d'accueillir un poste de travail supplémentaire, de remplacer un matériel physique amorti ou défectueux.

En revanche, renforcer l'efficacité de votre organisation grâce aux évolutions du système d'information que vous avez demandé est une réussite qu'il ne faut pas hésiter à saluer car elle est rare, certains diraient même exceptionnelle.

Vous ne trouverez pas ci-dessous les moyens de décupler la réussite des négociations que vous engagerez dans ce domaine. Pour autant, vous trouverez quelques éléments qui vous permettront d'éviter certains pièges et d'exposer clairement votre besoin.

Le vocabulaire utile et les clés du dialogue avec les informaticiens introduisent dans les pages suivantes une fiche outil :
• un inventaire des contraintes du système d'information ;
  et deux fiches méthodes :
• demander des évolutions du système d'information ;
• adapter les moyens.

Vocabulaire utile

Cahier des charges utilisateur : formalisation de la demande de besoin utilisateur.

Cahier des charges fonctionnel : formalisation préalable à la réalisation d'une application. Il décrit les éléments en entrée (recherche d'information dans un fichier appartenant à une autre application…) et en sortie (« map » d'écran, liste paramétrée…) ainsi que les fonctionnalités offertes par l'application. Il sert de base à un accord entre les informaticiens et les utilisateurs pour définir le livrable. C'est sur sa base que sera construit le plan de recette. Il fait partie des spécifications.

Expression du besoin métier : recueil du besoin et des exigences métier. Dans les méthodologies les plus récentes, l'expression du besoin métier se substitue au cahier des charges utilisateur.

Plan de recette utilisateur : formalisation permettant l'organisation de la recette utilisateur. Il regroupe : la description de l'environnement de recette, les fichiers permettant de réaliser les tests, l'ensemble des tests prévus permettant de s'assurer de la complétude et de la conformité de la solution livrée aux spécifications. Les risques métier et la qualité de la solution livrée sont notamment testés et vérifiés.

Recette utilisateur : phase de test effectuée par des utilisateurs. Elle a pour objectif de valider la qualité et la conformité de la solution livrée par rapport aux spécifications. Elle est réalisée sur la base de scénarios et de cas de test similaires à l'utilisation réelle du système. Elle aboutit à une acceptation du produit livré ou à son refus.

C.H.S.C.T. : Comité d'Hygiène, de Sécurité et des Conditions de Travail.

Tests de non-régression : vérifications de présence et de fonctionnement des fonctionnalités existant dans la version précédente d'une application dont le changement doit être réalisé.

Clés du dialogue avec les informaticiens

L'apport de l'informatique est devenu incontestable.

Ce succès est aussi celui des hommes qui ont contribué à la mise en œuvre de ces gigantesques progrès : pupitreurs, programmeurs, gestionnaires d'application ou de système, directeurs des études, responsables informatique... et plus récemment, ceux qui ont occupé les différentes fonctions (RH) de « support utilisateurs ».

Pourtant, dans ce domaine dont nous sommes très dépendant, tout n'est pas parfait.

La frustration des utilisateurs est importante notamment lorsqu'ils sont confrontés aux demandes d'évolution des applicatifs hébergés sur de gros systèmes.

Les choix et l'autorité des dirigeants des entreprises semblent même inopérants face aux GIE (Groupements d'intérêt économique) et aux plates-formes techniques.

Si les informaticiens ont encore des progrès à accomplir, notamment sur le plan de la communication, il en est de même pour les dirigeants des entreprises qui doivent prendre une part plus active dans la gestion opérationnelle des GIE.

Nous pouvons prévoir qu'après la réduction du nombre de GIE et des plates-formes, qui est en voie d'achèvement, une réorganisation de leurs relations avec leurs « Clients » impliquera une forte demande d'accroissement de la qualité et de l'efficacité de leurs organisations internes, notamment pour rendre plus réactive l'adaptation des offres.

Pour les utilisateurs et leurs managers, les progrès à accomplir sont nombreux :

• exposer des demandes claires pour obtenir des réponses précises ;
• s'informer des évolutions en allant chercher les informations à la source (plan informatique, cahiers des charges fonctionnels...) ;
• anticiper et préparer l'arbitrage des demandes formulées ;
• acquérir un savoir-faire de contrôle et de prise en compte des évolutions...

Aujourd'hui encore, le métier reste insuffisamment présent dans la préparation du plan informatique.

Les pièges à éviter

✓ À demande vague, réponse évasive !
Si vous voulez travailler en bonne intelligence avec les informaticiens, réalisez des demandes précises et complètes.

✓ Vous n'avez pas d'autorité sur le système d'information ni sur les hommes qui le gèrent. D'autres ont cette autorité, mettez-les en situation de pouvoir l'utiliser opportunément en leur fournissant des dossiers comportant les éléments leur permettant de prendre des décisions.

✓ Omettre de calculer le retour sur investissement (ROI) prévisionnel d'une mise en marché implique que le coût maximal du développement de l'application informatique qui va la supporter n'est pas fixé. Cela revient à donner au prestataire informatique un budget sans rapport avec les enjeux commerciaux et les gains potentiels.

Inventaire des contraintes
du système d'information

→ Objectif

Connaître les contraintes du système d'information qui s'appliquent aux travaux réalisés dans votre service.

→ Moyen

Effectuer un recensement des contraintes informatiques cadré sur vos processus.

→ Documents source

Cahiers des charges fonctionnels des applicatifs utilisés dans votre service,

Inventaire des matériels et logiciels,

Formulaires, imprimés et listes informatiques.

→ Mode de réalisation

Récupérer sur votre tableau de répartition du travail le découpage en processus et en étapes.

Établir le tableau de situation des contraintes du système d'information conformément à l'illustration 24, page 91.

Procéder à des entretiens pour chaque processus. Réalisez-les avec les deux collaborateurs les plus compétents sur le processus concerné. Demandez-leur de vous rejoindre avec une copie des éléments à collecter pour le processus pour lequel vous les avez sélectionnés. Faites-leur définir l'usage qui est fait de chacun d'entre eux en le positionnant dans l'étape concernée.

Les entretiens durent de trente à soixante minutes. En réalisant les entretiens avec deux collaborateurs simultanément vous gagnerez du temps et conserverez un niveau de fiabilité acceptable.

Les éléments à identifier pour chaque étape de processus sont :
- les matériels et applicatifs utilisés,
- les formulaires « électroniques » et les imprimés,
- les listes éditées automatiquement ou à la demande lorsqu'elles le sont de façon récurrente.

Lorsque vous aurez passé en revue l'ensemble des processus et leurs étapes, vérifiez que tous les matériels et logiciels de votre organisation ont bien été cités.

↪ Avertissements

Avant de commencer à inventorier les contraintes du système d'information qui touchent votre service vous devez avoir réalisé le tableau de répartition du travail.

Vous pouvez réaliser cette analyse en complément et dans le même temps que celle des processus.

↪ Clé d'analyse et approfondissements

✓ Simplifier les échanges avec les informaticiens : cartographiez l'utilisation du système d'information de votre entité. Récupérez une cartographie du système d'information auprès de la direction informatique ou, dans des entreprises cotées ou les établissements bancaires, auprès de la fonction de gestion des risques opérationnels. Sur cette base vous pourrez définir les éléments du système d'information qui concernent les activités de votre département, de votre service.

Fiche outil

Illustration 24

**Tableau de situation des contraintes
du système d'information**

Analyste : ACT	TABLEAU DE SITUATION DES CONTRAINTES DU SYSTÈME D'INFORMATION		Version : 1
Interviewés : SV, AD, MJ, GV, AT		Entité : Comptabilité	Statut : Provisoire
			Date : 18 juillet 2013

Processus	Étapes	Contrainte 1	Contrainte 2	Contrainte N
	Vérification saisie	Double saisie sur logiciels	Édition en batch de la journée de saisie	Rapprochements manuels
Validation et paiement des frais généraux	Préparation des paiements	Édition automatique à fréquence mensuelle unique	Impression des chèques non prévus	
	Contrôle Visa des paiements	Liste automatique ne comportant pas l'adresse des prestataires		

Processus

Étapes

Contraintes

Demander des évolutions du système d'information

⇀ Objectif
Prioriser les demandes d'évolution en fonction de leurs enjeux.

⇀ Moyen
Définir et argumenter les demandes d'évolution du système d'information.

⇀ Documents source
Demandes d'évolution réalisées par votre prédécesseur.
Plan informatique.
Cahier des charges des grands projets en cours.
Études d'impacts.
Études d'ergonomie.
Salaires de vos collaborateurs et ratios des charges sur salaires.

⇀ Éléments de méthodologie
Pour obtenir des résultats visibles sur l'organisation de votre service il faut concentrer vos demandes sur les adaptations dont les impacts sont les plus importants.
Pour cela, vous allez procéder à deux actions complémentaires :
- Définir la liste des demandes d'évolution potentielle ;
- Définir les arguments permettant de justifier les demandes d'évolution.

Définir la liste des demandes d'évolution potentielle
Identifiez les causes de chaque contrainte.

Regroupez-les par causes lorsque l'action d'amélioration ou de correction doit être pratiquée sur le même applicatif ou matériel.

Vérifiez que les demandes identifiées n'ont pas déjà été formulées, voire qu'elles n'ont pas été refusées.

Éliminez les demandes identifiées qui sont à réaliser sur des logiciels ou matériels qui doivent disparaître ou évoluer prochainement.

Établissez la liste des demandes en vous assurant qu'elles forment des groupes homogènes permettant de solutionner l'ensemble des problèmes d'une étape de travail.

Définir les arguments permettant de justifier les demandes d'évolution

Mesurez les impacts immédiats de chaque contrainte identifiée sur le tableau de situation des contraintes du système d'information :

- temps consommé par les opérations supplémentaires (changements d'applicatifs, de poste de travail, tâches manuelles, contrôles de cohérence...) ;
- délais occasionnés au sein de votre organisation, pour les clients internes à votre entreprise et pour les clients externes.

Classez-les par type d'impact et recherchez les conséquences de chacun d'entre eux (frais financier, manque à gagner par des affaires non réalisées, perte de clientèle...).

Clarifiez les enjeux et priorisez les demandes en quantifiant les impacts immédiats et leurs conséquences :

- Convertissez les temps supplémentaires consommés en ETP (Équivalent Temps Plein), puis en masse salariale chargée ;
- Assurez-vous des coûts financiers des délais occasionnés ;
- Synthétisez les enjeux de chaque intervention ;
- Classez puis numérotez de 1 à n les demandes potentielles en fonction de leurs impacts sur l'organisation de votre service ;
- Classez puis numérotez de 1 à n les demandes potentielles en fonction de leurs enjeux ;
- Additionnez les numéros d'impacts et d'enjeux de chaque demande et priorisez les demandes en fonction de ce résultat.

Fiche méthode

⮞ Mode de réalisation

Réalisez préalablement l'inventaire des contraintes du système d'information.

Synthétisez vos demandes pour qu'elles forment des ensembles homogènes qui apportent des solutions complètes à une étape de travail.

La direction des ressources humaines vous fournira la masse salariale chargée, par poste ou fonction (RH) qui vous serviront à quantifier les enjeux.

⮞ Avertissements

Plusieurs contraintes peuvent être supprimées par une seule amélioration !

Effectuez une action exhaustive sous peine de réaliser des demandes multiples et inefficaces, qui risquent d'agacer les informaticiens de votre entreprise.

Attention aux flux qui sont à prendre en considération pour effectuer les estimations d'impacts.

Les travaux informatiques à la suite d'une demande sont parfois longs à réaliser. Pour en assurer le suivi, n'omettez pas de dater vos demandes.

⮞ Clés d'analyse et approfondissements

✓ Effectuer un bilan des demandes de travaux informatiques de votre prédécesseur : profitez-en pour en actualiser le suivi et pour faire les relances utiles.

Adapter les moyens

⇥ Objectif

Procéder aux demandes d'adaptation des moyens.

⇥ Moyen

Vérifier l'adéquation des moyens avec les besoins et argumenter vos demandes d'adaptation.

⇥ Documents source

Inventaire physique des immobilisations.

Fichier des immobilisations et de leurs amortissements.

Données de flux historisées.

Budget d'investissement de l'entreprise, de votre direction et de votre service.

Études d'ergonomie.

Salaires de vos collaborateurs et ratios des charges sur salaires.

⇥ Éléments de méthodologie

Les besoins matériels de votre entité sont de deux ordres : qualitatif et quantitatif.

Les besoins matériels qualitatifs et quantitatifs sont souvent perceptibles à un observateur attentif.

Cependant, pour assurer une bonne gestion, il n'est pas rare de demander que les investissements nécessaires à leur remplacement ou complément soient justifiés.

C'est donc à cet exercice que doivent vous aider les propos qui vont suivre.

Le besoin qualitatif

Les arguments les plus efficaces pour justifier d'un remplacement de matériel ancien sont :

* Les gains produits par son remplacement ou une réduction des coûts de fonctionnement : grâce aux économies de temps générées par une plus grande simplification, automatisation ou intégration des tâches, réduction de consommation...

* Le risque qu'encourent les collaborateurs à se servir du matériel obsolète et dont la responsabilité incombe à l'entreprise.

Vérifiez l'amortissement du matériel dont vous envisagez le remplacement.

Recensez les arguments en faveur du remplacement.

Quantifiez chacun d'entre eux.

Calculez le retour sur investissement s'il existe.

Le besoin quantitatif

La démonstration du besoin impose de passer par l'inventaire de l'existant. Celui-ci est simple, surtout s'il a été réalisé récemment.

* Demandez la liste d'inventaire physique incluant les valeurs résiduelles après amortissement à la comptabilité ou aux services généraux.

* Vérifiez à partir de l'étiquetage des éléments physiques si la liste est conforme. Si ce n'est pas le cas remettez-la à jour.

* Effectuez une synthèse permettant de mettre en évidence le nombre de postes de travail.

* Décrivez les fonctionnalités de chacun des postes et leurs usages potentiels sur les processus et les étapes selon la description dont vous disposez sur le tableau de répartition du travail.

Il vous reste à définir le besoin pour démontrer l'éventualité de l'inadéquation à l'existant.

* Quantifiez les fluctuations d'activité de chacun des processus, les pointes de charge de travail et l'effectif nécessaire pour y faire face.

* Déduisez les déports de traitement (*cf.* Fluctuation de charge et déports de traitements dans la Fiche méthode 6 : Optimiser le dimensionnement de l'effectif, p. 78).

- Simulez le nombre de postes nécessaires en fonction des déports de traitements acceptés dans le temps (*cf.* illustration 23, page 79).
- Vérifiez l'adéquation de l'existant aux différentes hypothèses permettant de satisfaire aux normes de qualité retenues par l'entreprise. Si vous trouvez un écart, celui-ci correspond au besoin complémentaire.

➥ Mode de réalisation

Démontrez les gains en calculant la réduction du temps consommé et en le convertissant en ETP, puis en masse salariale chargée.

Évaluez le coût du risque ou rapprochez-vous de l'assureur ou du service juridique de votre entreprise.

L'analyse de l'adéquation du besoin quantitatif nécessite d'avoir réalisé le tableau de répartition du travail et le tableau de répartition du temps. Si vous ne l'avez déjà fait, lisez aussi la fiche méthode 6.

Les inventaires physiques font souvent l'objet de mises à jour assez espacées. Dans ce cas, ne minorez pas la consommation en temps nécessaire à son actualisation.

Le calcul d'amortissement des matériels est normalement remis à jour tous les ans.

Pour être efficace, un poste de travail comprend toutes les fonctionnalités nécessaires à l'exécution des processus traités sans impliquer de déplacements.

➥ Avertissements

Le risque opérationnel a un coût et ce coût est quantifiable !

Les retours sur investissements trop longs sont des contre-arguments.

Évitez ou limitez la spécialisation des postes, elle est source de spécialisation des personnes, de limitation de la polyvalence et de création de goulets d'étranglement.

➥ Clé d'analyse et approfondissements

✓ Comparer les coûts d'investissement et de fonctionnement dans chaque hypothèse d'équipement : vous disposerez alors d'un dossier de choix complet pour les décideurs.

4

APPRÉCIER LES RESSOURCES HUMAINES

Sous cette appellation, c'est bien de l'homme dont il s'agit. Indispensable à l'entreprise, il y est pourtant souvent malmené et utilisé de façon peu efficace.

Il n'y a pas matière dans les pages qui suivent à refondre les politiques de ressources humaines, mais vous trouverez quelques éléments et outils qui vous permettront d'anticiper les situations et donc, de mieux les gérer.

Après un rappel du vocabulaire utilisé par l'organisateur, nous vous proposons un point sur l'ARTT (Aménagement et Réduction du Temps de Travail), une fiche outil et plusieurs fiches méthodes :

- une méthode d'analyse de la polyvalence ;
- une méthode de définition du besoin de sécurité de fonctionnement ;
- une méthode de gestion des ressources ;
- une méthode d'évaluation de vos collaborateurs ;
- une fiche de poste ;
- une méthode d'évaluation de la tenue de leurs emplois par vos collaborateurs.

> ### Vocabulaire utile
>
> **Couverture de l'activité** : capacité de l'entité à disposer des ressources capables de réaliser les travaux de chaque étape.
>
> **ETP** : Équivalent Temps Plein. Notion abstraite qui permet de calibrer le nombre de collaborateurs nécessaires pour réaliser des tâches (*cf.* chapitre ARTT pour les bases de calcul).

L'ETP est toujours égal à lui-même car il est défini à partir du collaborateur moyen.

Polyvalence : capacité à traiter plusieurs tâches ou étapes de processus.

Spécialisation : concentration du temps de travail d'une position de travail, d'un poste, d'une fonction (RH) ou d'un collaborateur sur un nombre de tâches ou d'étapes limitées. La spécialisation permet une productivité renforcée. Lorsqu'elle est concentrée sur des tâches, elle induit la perte de la vision globale du processus et du besoin du client et génère les maux habituels d'un travail sans intérêt (absentéisme, faible qualité…).

Taux de couverture : ratio de gestion qui permet de chiffrer la capacité de l'effectif affecté à traiter la charge de travail maximale.

Taux de polyvalence : la polyvalence peut se mesurer pour une entité, un groupe de travail ou pour une personne. On mesure la capacité à traiter des ensembles homogènes de travail. Cette mesure s'adapte à la culture de l'entreprise et à l'organisation qu'elle génère, mais aussi à la taille de l'effectif. Dans un service, le niveau le plus détaillé est la tâche, et le niveau le plus global l'étape de processus.

ARTT (Aménagement et Réduction du Temps de Travail)

La mise en œuvre des lois Aubry a constitué un terrain propice aux interventions des organisateurs et notamment des consultants.

Pour être intervenu sur ce sujet dans plusieurs entreprises avec un rôle très opérationnel, je dois dire que je ne comprends pas toutes les polémiques qui l'entouraient et l'entourent parfois encore.

Sans prétendre disserter ici sur ces lois et leur mise en œuvre car ce n'est ni le lieu, ni l'objet, je souhaite cependant apporter un bref éclairage, celui d'un consultant, acteur opérationnel de quelques-unes de ces mises en œuvre dans le secteur privé.

Les lois Aubry sur l'Aménagement et la Réduction du Temps de Travail (ARTT), ont eu de nombreux effets, certains visibles d'autres moins.

Le plus visible d'entre eux est bien sûr la réduction du temps de travail de 39 à 35 heures hebdomadaires, accompagné le plus souvent de mesures de maîtrise de l'évolution de la masse salariale.

Les autres, moins visibles touchent directement ou indirectement de nombreux domaines. Sans être exhaustif, nous pouvons citer :

* **À l'intérieur de l'entreprise** : l'accroissement de la productivité et le recentrage sur les rôles attendus de chacun.
* **Vis-à-vis des clients** : l'adaptation des modes de relation et notamment des horaires d'ouverture.
* **Pour les salariés concernés** : l'accroissement du temps libre (pour l'anecdote parmi les nombreuses personnes rencontrées lors des séances d'expression des salariés que nous animions à l'époque sur le mode de prise de ces temps de repos supplémentaires, rares étaient celles qui imaginaient ce qu'elles allaient pouvoir en faire).
* **Pour la collectivité** enfin, pour laquelle il y a des effets directs : réduction du nombre de demandeurs d'emplois[1], et des effets indirects dont nous n'avons pas pris encore toute la mesure, telle que l'amélioration des conditions de circulation deux à trois jours par semaine dans les grandes villes, l'étalement des départs...

Cependant toutes les entreprises n'ont pas appréhendé les obligations et avantages de la même façon. Certaines ont su en faire une opportunité, d'autres, par manque de prévoyance, ont géré des situations de crise.

Les entreprises qui ont préparé cette mise en œuvre ont lu ces lois comme une invitation non seulement à réduire et à aménager le temps de travail, mais aussi à choisir la compensation souhaitée : embauches pour accroître par exemple leur présence commerciale et/ou amélioration de l'efficacité.

Et ces améliorations ont contribué à rendre nos entreprises plus performantes.

Un large mouvement de réflexion a pu avoir lieu et a permis la négociation d'un grand nombre d'accords. Ces négociations ont permis aux entreprises d'essayer de trouver un nouveau point d'équilibre

---

1. *Cf.* France portrait social 2003-2004 INSEE.

conciliant l'intérêt particulier, de nouveaux droits au repos utilisables par les personnes, et le besoin collectif d'assurer un fonctionnement continu et correspondant à la demande des clients.

Et les rapports entre les entreprises et leurs salariés se sont reconstruits sur une base consensuelle.

Pour permettre l'application de ces lois dans tous les secteurs d'activité, à toutes les catégories de personnel[1] et dans toutes les entreprises quel que soit leur effectif[2], le calcul du temps de travail a été annualisé.

Depuis, dans le secteur privé, l'organisateur considère qu'un équivalent temps plein (ETP) est égal à 1600 heures annuelles sauf conditions plus favorables accordées par une branche d'activité ou à une catégorie spécifique de personnel.

Ce point de référence reste la seule base des calculs de dimensionnement dans les entreprises qui ont intégré le dispositif (plus de vingt salariés dans le secteur privé sauf anticipation et accord). Pour les autres, les méthodes de calcul de dimensionnement restent inchangées.

L'impact de cette réduction du temps de travail porte, pour l'organisateur, sur les structures et leur dimensionnement. Notamment pour les petites équipes spécialisées dont la taille minimum ne peut plus être inférieure à 4 ETP si l'on veut assurer la permanence du fonctionnement.

---

1. À l'exception des cadres dirigeants non soumis à ces lois.
2. Hors les entreprises de moins de vingt salariés.

Analyser la polyvalence

➥ Objectifs

Identifier les facteurs d'insécurité du fonctionnement de votre entité.

Déterminer les leviers de motivation.

Préparer la gestion prévisionnelle des savoir-faire.

➥ Moyen

Évaluer vos équipes et leurs capacités à faire face à l'activité de votre entité.

➥ Documents source

Historique des flux en nombre d'opérations.

Plans de formation des années précédentes.

Dossiers individuels du personnel ou dossiers d'évolution de carrière.

➥ Éléments de méthodologie

La matrice de polyvalence est la pièce centrale d'un dispositif qui permet de nombreux développements (*cf.* illustration 25).

Dans le cadre de la prise en main de votre service, nous allons nous concentrer sur trois points :

• organisation de la matrice de polyvalence ;

• utilisation des ratios de polyvalence ;

• utilisation des ratios de couverture de l'activité de votre entité.

Organisation de la matrice de polyvalence

Elle a la même structure que celle d'un tableau de répartition : étapes en abscisse et collaborateurs en ordonnée (*cf.* illustration 26). Elle est complétée par deux colonnes à droite et deux lignes à sa base.

Illustration 25

Opportunités d'utilisation de la matrice de polyvalence

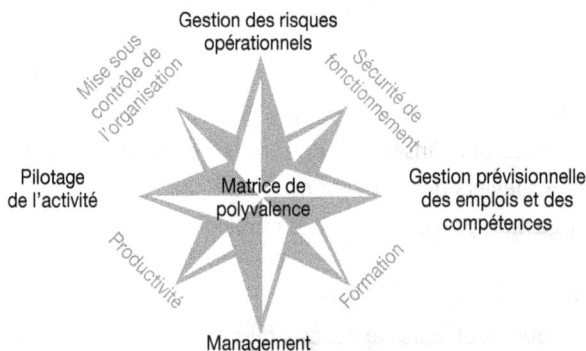

Les deux colonnes supplémentaires servent à la mesure de la couverture de l'activité. L'une pour la couverture actuelle des activités, l'autre pour la couverture potentielle.

Les deux lignes complémentaires permettent d'indiquer les calculs de taux de polyvalence individuelle actuelle et potentielle.

Pour chaque collaborateur, vous devez identifier son niveau de savoir-faire sur chaque étape en utilisant l'un des quatre indicateurs suivants dont vous reporterez le numéro dans la matrice :

- **3 : Expert** – capable de traiter de façon autonome tous les cas qui se présentent quels que soient leurs niveaux de complexité.

- **2 : Compétent** – capable de traiter l'ensemble des cas courants de façon autonome, a besoin d'une assistance pour les cas complexes.

- **1 : À former** – a les capacités nécessaires à la réalisation de l'étape mais n'a pas eu l'opportunité de la réaliser.

- **0 : N'a pas le profil** – ne dispose pas des capacités nécessaires à la réalisation de l'étape de manière autonome.

Attention

L'évaluation des collaborateurs est réalisée dans une situation déterminée, avec un objectif précis à un instant donné. Elle ne remet pas en cause les qualités de la personne et ses capacités dans d'autres contextes.

Illustration 26

Matrice de polyvalence

Évaluation du niveau de maîtrise des étapes par les collaborateurs

Couverture de l'activité

Polyvalence globale

Étapes

Analyste : AR	MATRICE DE POLYVALENCE	Version : 2
Interviewés : VJ, SL, MD, SH, PG		Statut : Validée
Nombre d'étapes : 16	Entité : Comptabilité	Date : 10 juillet 2013

| Taux de polyvalence globale actuelle : | 45% | COLLABORATEURS |
| Taux de polyvalence globale potentielle : | 89% | Couverture de l'activité |

Étapes	Mme Janson	Mme Lane	M. Douart	M. Herbert	Actuelle	Potentielle
Validation et paiement des frais généraux	3	2	2	3	4	4
Résultats mensuels	3	0	3	1	2	3
Déclaration fiscale 2050	3	1	1	1	1	4
Déclaration Organic	3	1	1	1	1	4
Déclaration taxe professionnelle	3	1	1	1	1	4
Suivi des immobilisations	3	2	1	3	3	4
Rapport financier annuel	3	0	1	1	1	3
Déclaration taxe sur les véhicules	3	1	1	1	1	4
Ratio de solvabilité	1	3	1	1	1	4
Liasse des produits dérivés (Hors bilan)	1	3	1	1	1	4
États réglementaires	3	0	2	3	3	3
Contrôle comptable	3	0	2	2	3	3
Contrôle Échelles d'intérêts	3	3	3	1	3	4
Suivi des créances douteuses et des provisions	1	0	3	1	1	3
Reporting des créances douteuses et des provisions générales	1	0	3	1	1	3
Imprimé Fiscal Unique (IFU)	1	0	3	1	1	3
Taux de polyvalence individuelle actuelle	69%	31%	50%	25%		
Taux de polyvalence individuelle potentielle	100%	56%	100%	100%		

Taux de polyvalence individuelle

Utilisation des ratios de polyvalence

Lorsque l'ensemble des collaborateurs et des étapes est renseigné vous pouvez calculer la polyvalence globale de votre service.

Fiche méthode

Ce taux de polyvalence globale n'a de valeur que comme indicateur pour mesurer les évolutions et de comparatif à des entités strictement identiques à la vôtre.

L'écart entre les **taux de polyvalence globale actuelle et de polyvalence globale potentielle** vous donne la marge de progrès sur laquelle vous pouvez agir.

Ensuite calculez la **polyvalence individuelle** de chacun de vos collaborateurs.

L'écart entre les **taux de polyvalence individuelle actuelle** et de **polyvalence individuelle potentielle** vous donne la marge de progrès de chaque personne sur ce type de travaux à un instant donné et dans le contexte existant.

Dans votre entité, la comparaison de ces deux taux vous donne les limites individuelles aux actions de progrès.

Utilisation des ratios de couverture de l'activité de votre entité

Le calcul rend compte du constat de la couverture actuelle et de l'évaluation de la couverture potentielle avec l'effectif présent.

➤ Mode de réalisation

En vous servant du tableau de répartition du travail vous pouvez remplir la partie « constat » de la matrice de polyvalence. Pour la partie évaluation vous pouvez procéder à quelques entretiens des intéressés.

Si vous avez une entité qui comporte des responsables intermédiaires (adjoint, chefs de groupe,...), vous pouvez leur demander de réaliser la matrice de polyvalence. Réalisez-la de votre côté et comparez les résultats. Vous renforcerez l'objectivité des évaluations.

➤ Avertissements

La nature du contenu fait de la matrice de polyvalence un document à diffusion restreinte.

Adaptez l'échelle pour faire ressortir la répartition des savoir-faire. Certaines tâches nécessitent peut-être un haut niveau de technicité ou sont suffisamment peu fréquentes pour qu'une seule personne sache les exécuter.

La récurrence de l'utilisation de cette matrice doit vous inciter à la réaliser sous tableur.

➥ Clés d'analyse et approfondissements

✓ Création d'une filière de progression dans l'exercice du métier : orga-nisationnellement elle est contrainte par deux critères, la complexité des travaux et la capacité à maintenir le savoir-faire.

✓ Pour ce dernier, la faiblesse des flux permet d'identifier les étapes qui devront rester un savoir-faire spécialisé détenu par un nombre limité de collaborateurs.

✓ Mise en place d'actions de progrès basées sur les leviers de motivation de vos collaborateurs : la progression potentielle de chacun d'entre eux devient un levier d'action et un outil de management.

✓ Réduction du degré de dépendance : l'analyse de la répartition du nombre d'étapes de processus maîtrisées par chacun de vos collabora-teurs illustrera votre degré de dépendance et vous donnera un train de mesures à mettre en œuvre pour réduire les faiblesses de votre dispositif.

✓ Gestion prévisionnelle des savoir-faire : en projetant vos besoins sur différents horizons, vous pouvez transformer votre matrice de polyva-lence en outil de gestion prévisionnelle des savoir-faire.

✓ Relancer la mobilité interne. Pour aller plus loin et concevoir des plans de formation, mobilité et recrutement, se reporter à l'ouvrage *Relan-cer la mobilité interne. De la matrice de polyvalence au plan annuel*, du même auteur, chez le même éditeur, paru en 2007.

Définir le besoin de sécurité de fonctionnement

➥ Objectifs

Définir le besoin en savoir-faire pour assurer la sécurité de fonctionnement.
Identifier les actions qui permettront de renforcer la sécurité de fonction-nement.

➥ Moyen

Calculer la couverture des fluctuations de l'activité.

➥ Documents source

Données de flux historisées.
Charte Qualité.

➥ Éléments de méthodologie

En définissant dans la matrice de polyvalence la couverture actuelle, vous avez dressé le constat. Avec la couverture potentielle vous avez fait l'éva-luation de la capacité de l'effectif existant d'amplifier la couverture en fonction du besoin.

L'identification de la couverture nécessaire va s'effectuer en complétant la matrice de polyvalence.

Elle permettra de définir le besoin pour assurer la sécurité de fonction-nement.

Sa définition est réalisée au niveau de chacune des étapes. Pour définir le besoin, vous devez passer par les calculs suivants :

- Définir la charge de travail cible de chaque étape. Choisir l'horizon cible. Projeter le nombre d'éléments à cet horizon. Définir la charge de travail correspondante.

- Calculer le taux de fluctuation de la charge de travail de chaque étape : Définir la charge de travail minimale et maximale et calculer le taux de fluctuation entre les deux.

- Appliquer le taux de couverture souhaité. Voir Fiche méthode 6 : Optimiser le dimensionnement de l'effectif, p. 73.

- Définir l'effectif nécessaire disposant du savoir-faire. Ajouter à la charge de travail prévue le « P.F.D. » et la contrepartie du taux d'absentéisme moyen de votre entité, durant les douze derniers mois.

- Arrondir à l'E.T.P supérieur.

➥ Mode de réalisation

Effectuez la projection de la charge de travail à l'horizon cible à partir des données historisées des mois précédents.

Dressez des hypothèses, si la projection de la charge de travail cible est effectuée à un horizon supérieur à douze mois ou si vos données antérieures sont historisées depuis trop peu de temps pour constituer une série statistique représentative.

➥ Avertissement

Si l'évaluation de la charge de travail cible est difficile à définir de façon fiable, raccourcissez votre projection. Compte tenu du temps de mise en œuvre des formations, ne réduisez pas l'horizon cible à moins de six mois.

➥ Clés d'analyse et approfondissements

✓ Définir ou renforcer les normes de qualité de service : en fonction de l'impact du taux de couverture sur les délais pour les clients externes ou internes.

✓ Mettre en place un plan de progrès : en tenant compte des taux de turn-over et de productivité de votre entité.

✓ Définir le taux de polyvalence minimal : au-delà duquel la qualité et la sécurité du fonctionnement sont en dehors des normes de votre entreprise.

Gérer les Ressources

→ Objectif

Mesurer, suivre et prévoir l'évolution de la charge de travail.

→ Moyens

Anticiper la définition du besoin en ressources pour l'ajuster à la charge de travail future.

Vérifier l'absorption opérationnelle de la charge de travail future.

Disposer d'un outil de pilotage des besoins en ressources.

→ Documents source

Historisation du nombre d'opérations.

Plans d'actions commerciales ou marketing.

Taux et périodes d'absentéisme par nature.

Dossier individuel du personnel.

Règles de gestion des horaires.

Règles de prise des congés et repos.

→ Éléments de méthodologie

L'outil de pilotage que nous vous proposons repose sur la prévision d'activité de votre entité et sur la prévision des ressources nécessaires pour y faire face.

Pour le réaliser, vous allez :

• Définir la charge de travail prévisionnelle.

• Vérifier l'absorption opérationnelle de la charge future de travail.

Définir la charge de travail prévisionnelle

Votre plan de prévision doit être réalisé sous forme d'un tableau à double entrée, (*cf.* illustration 27) dont l'une est composée des périodes de temps, l'autre des étapes de travail.

- Pour les périodes de temps, votre plan de prévision peut se réaliser à différentes échelles : mensuelle, hebdomadaire ou quotidienne. Choisissez l'échelle qui vous semble la plus pertinente pour votre activité.
  En fonction de l'échelle choisie, définissez les unités des temps unitaires et des temps totaux.
  Pour bénéficier du retour d'expérience, vous devez envisager de travailler sur une année complète ou douze mois consécutifs.

- Pour les étapes de travail, ayez une approche exhaustive en listant l'ensemble des processus couvrant votre activité, puis en détaillant chacun d'entre eux en étapes (*cf.* Fiche outil 4 : Tableau de répartition du travail, p. 49).

- Reproduisez trois tableaux de même structure :
  - Le premier tableau sur lequel vous indiquerez pour chaque étape le nombre d'éléments réalisés par unité de temps retenue. Si vous avez pu récupérer l'historisation du nombre d'opérations des douze mois précédents vous pourrez bénéficier du retour d'expérience sur l'évolution cyclique de l'activité.
  - Le deuxième tableau comportera les temps unitaires pondérés de chaque étape. (Ce sont les temps unitaires que vous avez pondérés de leur fréquence. Autrement dit, la fréquence que vous avez sur le schéma de production (*cf.* Fiche méthode 4 : Analyser des processus, p. 59). Les données de temps unitaires sont bien sûr variables, mais en règle générale vous pouvez les considérer comme constantes pendant environ six à huit mois. Comme la réactualisation est lourde, nous vous conseillons d'identifier au fil du temps les variations significatives et de planifier ces travaux durant les périodes où l'activité est moins soutenue et où la météo apparaît insuffisamment clémente à vos collaborateurs pour qu'ils n'utilisent leurs droits aux congés et repos.
  - Le troisième tableau n'est que le résultat d'une formule qui multiplie le temps unitaire pondéré de chaque étape (2e tableau) par le nombre d'événements qui se sont produits sur la période déterminée (1er tableau). Historisez-le régulièrement, il vous sera utile et transformez son unité en ETP pour qu'il soit plus lisible.

Fiche méthode

Illustration 27

Plan de prévision

VOLUMES en nombre d'opérations	Période de temps 1	Période de temps 2	Période de temps 3	Période de temps 4	Période de temps 5	Période de temps 6	Période de temps N	...	Période de temps Z
Processus 1 Étape 1									
Étape 2									
Étape 3									
Étape 4									
Processus 2 Étape 1									

×

TEMPS UNITAIRES en minutes	Période de temps 1	Période de temps 2	Période de temps 3	Période de temps 4	Période de temps 5	Période de temps 6	Période de temps N	...	Période de temps Z
Processus 1 Étape 1									
Étape 2									
Étape 3									
Étape 4									
Processus 2 Étape 1									

=

CHARGE DE TRAVAIL en heures	Période de temps 1	Période de temps 2	Période de temps 3	Période de temps 4	Période de temps 5	Période de temps 6	Période de temps N	...	Période de temps Z
Processus 1 Étape 1									
Étape 2									
Étape 3									
Étape 4									
Processus 2 Étape 1									
Étape 2									
Étape 3									
Processus 3 Étape 1									
Étape 2									
Étape 3									
Étape 4									
Processus 4 Étape 1									
Étape 2									

Volume de l'étape
×
Temps unitaire pondéré de l'étape
=
Charge de travail de l'étape

Vérifier l'absorption opérationnelle de la charge future de travail

Pour aboutir à ce résultat, vous allez utiliser les résultats du plan de prévision et de la matrice de polyvalence.

- Adaptez la matrice de polyvalence pour préparer l'affectation des personnes aux étapes.

- À partir du potentiel et du besoin, effectuez une première sélection des personnes nécessaires à la réalisation des travaux de chaque étape. Priorisez les personnes qui impliqueront l'effort de formation le moins grand : celles pour lesquelles l'indicateur est 3 ou 2.
Renommez l'indicateur 0 = Exclu, et basculez sous ce code les collaborateurs indiqués 1 que vous n'avez pas retenus dans votre sélection. Sous cet indicateur vous avez maintenant les personnes qui ne sont pas à former et celles que vous n'utiliserez pas pour l'absorption de la charge sur les étapes considérées.

- Réutilisez le plan de prévision que vous avez constitué et faites-en une version qui intégrera le « P.F.D. » au niveau de chaque étape. C'est avec cette version que vous travaillerez ensuite.

- Vous allez adapter deux tableaux comportant la même structure que votre plan de prévision (cf. illustration 27) :
  - Sur le premier vous ventilerez le temps de vos collaborateurs. Pour réaliser cette ventilation, prenez un collaborateur et ventilez intégralement son temps sur l'ensemble des périodes. Ensuite, procédez de la même façon pour chacun des autres.
  - Le second tableau vous servira de témoin pour vous assurer que chaque élément de charge future de travail aura sa contrepartie en temps disponible.

- À la base de ce premier tableau vous allez rechercher le temps disponible permettant de traiter la charge de travail pour chaque unité de temps.
Dans les propos suivants, l'échelle retenue est mensuelle et la période est d'un an ; l'accord ARTT donne la possibilité de prise de jours ou demi-journées de repos.
Adaptez cet exemple à l'échelle que vous avez retenue et aux possibilités données par l'accord signé dans votre entreprise sur les jours de repos.
Pour aboutir au temps disponible pour chaque unité de temps, il va falloir réaliser les calculs dans l'ordre suivant :
  - Comptez le nombre de jours de chaque mois,
  - Multipliez-le par le nombre d'heures de travail de l'effectif affecté,
  - Ajoutez le temps reçu d'autres entités en le ventilant sur les périodes prévues ou probables,

– Soustrayez de ce résultat les heures non disponibles prévues ou probables.

↪ Mode de réalisation

Définir la charge de travail prévisionnelle

Vous devez avoir réalisé le tableau de répartition du travail préalablement, car vous en récupérerez le découpage du travail en étapes.

Le premier tableau qui rassemble le nombre d'éléments réalisés est à actualiser aussi régulièrement que possible. Son alimentation peut s'automatiser plus ou moins complètement en fonction de votre système d'information.

S'assurer de l'absorption opérationnelle de la charge future de travail

L'absorption de la charge de travail doit s'effectuer à partir des résultats de la matrice de polyvalence.

Franchissez les étapes pas à pas en objectivant chacune d'entre-elles.

En fonction de la taille de votre effectif, vous pouvez travailler au niveau des collaborateurs ou des positions de travail. Si cette dernière formule est votre choix, adaptez votre matrice de polyvalence en regroupant les personnes.

Si votre effectif est important vous pouvez effectuer la ventilation sur plusieurs tableaux, par personne ou par groupe de personnes et effectuer ensuite une consolidation.

Pour obtenir le résultat escompté, il vous sera nécessaire de faire des ajustements progressifs, nous vous conseillons donc de travailler sous tableur.

↪ Avertissements

Définir la charge de travail prévisionnelle

Vous avez intérêt à réaliser votre plan de prévision sur un tableur, il sera facilement consultable et son actualisation sera aisée.

Fiche méthode

Vous devez avoir récupéré les temps unitaires des étapes préalablement à la réalisation du plan de prévision. Si ce n'est pas le cas, réalisez le tableau de répartition du temps (*cf.* Fiche outil 5, p. 53).

Illustration 28
Absorption de la charge de travail

CHARGE DE TRAVAIL en heures	Période de temps 1	Période de temps 2	Période de temps 3	Période de temps 4	Période de temps 5	Période de temps 6	Période de temps N	...	Période de temps Z
Processus 1: Étape 1									
Étape 2									
Étape 3									
Étape 4									
ocessus 2: Étape 1									

VENTILATION DU TEMPS	Période de temps 1	Période de temps 2	Période de temps 3	Période de temps 4	Période de temps 5	Période de temps 6	Période de temps N	...	Période de temps Z
Processus 1: Étape 1									
Étape 2									
Étape 3									
Étape 4									
ssus 2: Étape 1									

RESTE A AFFECTER	Période de temps 1	Période de temps 2	Période de temps 3	Période de temps 4	Période de temps 5	Période de temps 6	Période de temps N	...	Période de temps Z
Processus 1: Étape 1									
Étape 2									
Étape 3									
Étape 4									
Processus 2: Étape 1									
Étape 2									
Étape 3									
Processus 3: Étape 1									
Étape 2									
Étape 3									
Étape 4									
Processus 4: Étape 1									
Étape 2									

La ventilation du temps doit s'opérer personne par personne

S'assurer de l'absorption opérationnelle de la charge de travail future

Prenez garde au niveau de spécialisation que vous allez créer en répartissant les tâches. Hors contexte de crise, les seules spécialisations qui se justifient sont celles de tâches de grande complexité ou d'ensembles cohérents donnant lieu à des réalisations ayant une finalité propre.

Le choix entre polyvalence et spécialisation va avoir un impact important sur la charge de formation nécessaire pour la mise à niveau. La polyvalence implique un nombre d'étapes plus important à faire maîtriser à un nombre plus grand de personnes.

L'absentéisme prévisionnel peut être soit l'évaluation de la prolongation de congés de longue maladie, et/ou la répartition sur les périodes durant lesquelles l'absentéisme est traditionnellement positionné. À défaut, la répartition de l'absentéisme est uniforme sur l'ensemble des périodes de l'année précédente.

Dans les groupes de travail de petite taille, la notion de binôme est une solution opérationnelle à mettre en œuvre au sein d'une même position de travail.

➥ Clés d'analyse et approfondissements

✓ Mesure des écarts de charge de travail par rapport au prévisionnel : si votre système d'information ou votre tableau de bord vous ont permis de bénéficier d'une série statistique d'au moins douze mois, vous pouvez vérifier l'aspect cyclique de certains processus et analyser les écarts sur ceux-ci comme sur les autres.

✓ Suivi de l'évolution de la productivité : *a posteriori*, vous pourrez ajouter en bas de ce tableau les ETP disponibles constatés sur chacune des périodes de temps. Vous pourrez alors tirer un ratio de productivité en rapportant la charge de travail aux ETP disponibles.

✓ Fluctuation du ratio de productivité : le ratio en lui-même n'est qu'un indicateur. Souvenez-vous qu'à la charge de travail il faut ajouter le P.F.D. En temps normal, votre ratio devrait se situer entre 80 et 85 %. S'il descend en-dessous, recalculez vos chiffres et s'ils sont exacts, interrogez-vous sur l'optimisation des méthodes !

Fiche méthode

✓ Évaluation des contraintes et de la qualité de la répartition des travaux : la journée type permet en ramenant la charge de travail à une journée moyenne pour une personne pour chaque poste/fonction (RH) de comprendre les contraintes auxquelles vos collaborateurs seront exposés. En comparant les journées types de chaque poste/fonction (RH) vous pourrez vous assurer de la qualité de la répartition des tâches réalisées.

✓ Projection et itération : donnent la possibilité de définir une cible et d'obtenir le résultat de phases intermédiaires pour représenter l'évolution progressive de la charge de travail. C'est sur cette base que vous vous appuierez pour déduire l'évolution d'une organisation susceptible de traiter la charge de travail.

✓ Précision des règles de prise de congés et de repos : les règles habituelles de prise de jours de congés et de repos dont se sont dotées les entreprises sont larges pour permettre aux différents métiers de s'y soumettre. Ce cadre mérite souvent quelques précisions pour ne pas être une contrainte opérationnelle, notamment pour les entités de petite taille. Réalisez une synthèse des contraintes de chaque étape (délais, réactivité, habilitation, délégation, obligations réglementaires…) pour chaque position de travail. Vous pourrez sur cette base préciser les règles de prise de congés et de repos de chacune d'entre elles en fonction de leur effectif.

Évaluer vos collaborateurs

➥ Objectifs

Sélectionner vos collaborateurs pour leur confier des missions adaptées à leur profil.

Prendre des décisions d'affectation ou de remplacement.

➥ Moyen

Réaliser des évaluations individuelles à l'aide d'un « questionnaire guide ».

➥ Documents source

Dossiers individuels du personnel ou dossiers d'évolution de carrière,

Résultats des méthodes de sélection pour certaines catégories de personnel (entretiens, graphologie, « assessment center », tests...).

➥ Éléments de méthodologie

Recruter son équipe est toujours plus simple que de prendre la direction d'une équipe existante. Pour autant, il n'est pas possible de changer une équipe à chaque fois que son responsable est appelé à d'autres fonctions. Dans ce type de circonstance, cette fiche méthode peut vous aider à réaliser une évaluation de vos collaborateurs.

Vous renforcerez l'efficacité de la démarche en réalisant plusieurs évaluations concomitamment. La rigueur qui doit vous guider s'en trouvera renforcée au moment de la relecture si vous avez plusieurs personnes à évaluer.

La confidentialité à apporter à ce type de démarche est évidente. Pour autant, si vous évaluez les membres de votre département ou de votre service avec votre adjoint et/ou un responsable d'équipe, la démarche gagnera en qualité. Cet accroissement de qualité doit être pondéré si l'objectivité de la ou des personne(s) que vous associez à la démarche n'est pas au niveau attendu.

L'avantage de la méthode proposée réside dans la rapidité de sa mise en œuvre et sa simplicité. Moins formelle que les évaluations annuelles, elle répond parfaitement à un objectif de connaissance du profil des collaborateurs.

Elle permet une sélection de ceux dont les profils seront le mieux adaptés aux travaux que vous envisagez de déléguer.

↪ Mode de réalisation

Vous pouvez réaliser cette démarche seul ou en collaboration avec une ou deux autres personnes (responsable des ressources humaines, votre supérieur hiérarchique, votre adjoint,...).

Chacun remplit le formulaire d'évaluation après avoir eu un entretien avec chaque personne évaluée.

Cet entretien peut être informel, mais doit être récent pour ne pas bâtir l'évaluation sur des caractéristiques anciennes qui ne tiendraient pas compte d'évolutions potentielles.

Après l'entretien, chaque évaluateur s'isole pour remplir le formulaire (*cf.* illustration 29). Écrivez des phrases courtes, assemblez des mots décrivant les particularités de la personne. Évitez les jugements de valeur, les qualificatifs, superlatifs.... Adaptez votre évaluation en fonction du poste à pourvoir, de l'affectation possible...

Illustration 29
Fiche d'évaluation

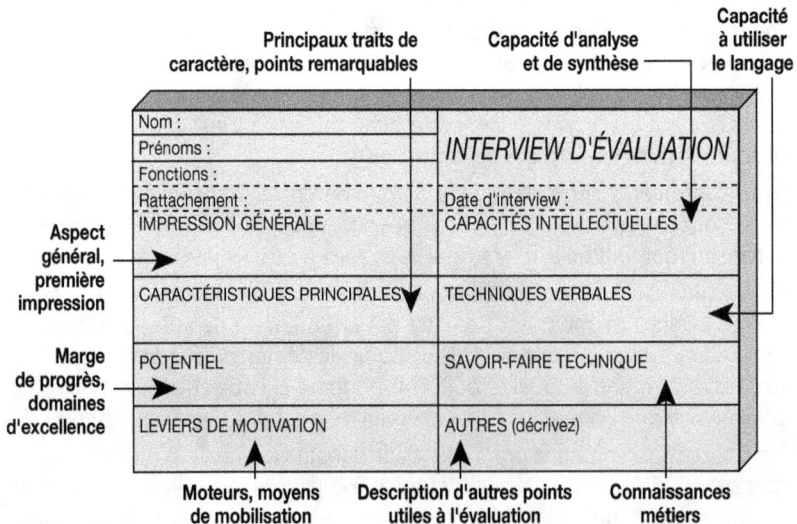

Attention

L'évaluation des collaborateurs est réalisée dans une situation déterminée, avec un objectif précis à un instant donné. Elle ne remet pas en cause les qualités de la personne et ses capacités dans d'autres contextes.

Renseignez chacune des rubriques :

- **Identification :** nom, prénoms, fonction (RH) actuelle, rattachement.
- **Impression générale :** aspect général, première impression.
- **Caractéristiques principales :** principaux traits de caractère, points remarquables, capacité à se faire reconnaître...
- **Potentiel :** marge de progrès, domaines d'excellence, qualités peu ou pas exploitées permettant de progresser...
- **Leviers de motivation :** moteurs psychologiques, moyens ou sujets de mobilisation.
- **Capacités intellectuelles :** capacité d'analyse et de synthèse, utilisation de ces capacités.
- **Techniques verbales :** capacité à utiliser le langage (amplitude du vocabulaire, expressions, cohérence et structuration des propos, attitude et gestuels d'accompagnement, capacité à prendre la parole en public...).
- **Savoir-faire technique :** connaissances et savoir-faire métier.
- **Autres :** à adapter aux spécificités de la personne et à décrire.

Laissez passer une journée et relisez votre fiche, complétez-la.

Si cet exercice a été réalisé à plusieurs, organisez une réunion de synthèse avec les autres évaluateurs.

Lors de la réunion de synthèse, chacun doit exprimer son point de vue pour la première rubrique. Un consensus doit être trouvé avant de passer à la rubrique suivante.

Lorsque chaque rubrique a été passée en revue, un point de vue consensuel doit être synthétisé et formalisé. C'est sur cette base que pourront être prises les décisions.

Fiche méthode

↪ **Avertissements**

Cette démarche est indépendante des procédures d'évaluation annuelle probablement en vigueur dans votre entreprise. Cependant, la réalisation de ces entretiens est un facteur de réussite de votre prise de fonction. Ils vous permettront d'effectuer une synthèse de la connaissance que vous aurez acquise de vos collaborateurs.

Évitez de faire l'exercice de relecture de vos fiches dans la précipitation, et notamment dans les quelques minutes qui précédent la réunion de synthèse.

Les documents constitués sur le modèle qui vous est proposé dans l'illustration 29 sont confidentiels.

L'entretien est souvent plus efficace lorsqu'il est informel ou a pour prétexte un sujet de travail. Cependant, ne perdez pas de vue votre objectif et assurez-vous d'avoir couvert l'ensemble des rubriques du questionnaire.

Vous devez chercher à être aussi objectif que possible durant la réflexion et la rédaction, comme durant la réunion de synthèse.

Si vous avez plusieurs personnes à évaluer, faites-le durant une même réunion de synthèse. N'hésitez pas cependant à interrompre celle-ci si vous sentez que le niveau de concentration et d'objectivité nécessaire à ce type de travail n'est pas ou plus atteint.

Validez la première évaluation réalisée à la fin de la réunion de synthèse pour vous assurer d'un traitement homogène.

↪ **Clés d'analyse et approfondissements**

✓ Adaptation des caractéristiques des personnes aux emplois de votre organisation : à partir des fiches de poste/fonction (RH), vous pouvez déterminer les profils souhaités des collaborateurs et rapprocher ces derniers des caractéristiques de chaque personne.

✓ Maîtrise du turn-over : si vous avez défini la filière de progression dans l'acquisition du métier, vous pouvez identifier les capacités de chacun à en franchir les étapes et planifier évolutions et formations à mettre en œuvre.

✓ Restructurer l'encadrement du service : les trois organigrammes (informel, fonctionnel, l'ancien organigramme hiérarchique) permettent de concevoir le nouvel organigramme hiérarchique. L'évaluation de vos collaborateurs vous autorise à effectuer les choix, et si besoin en est, à préparer les adaptations des fiches de poste.

Fiche de poste

➥ Objectifs

Préciser aux collaborateurs ce que l'on attend d'eux dans le poste qui leur est confié.

Structurer l'organisation en préservant la souplesse nécessaire au fonctionnement.

➥ Moyen

Formaliser et diffuser des fiches de poste.

➥ Documents source

Fiches de fonction (RH) ou de poste,

Classification des emplois,

Convention collective,

Document de cadrage et de définition des objectifs.

➥ Mode de réalisation

Vérifiez les fiches existantes pour vous assurer qu'elles comportent les indications nécessaires au fonctionnement de votre organisation (*cf.* illustration 30, p. 126).

À partir de la convention collective et de la classification des emplois, vérifiez le mode d'utilisation des termes et leur impact sur les coefficients, les fonctions (RH) et les postes.

Identifiez les limites que vous imposent les fiches existantes.

Dimensionnez les enjeux en termes de coefficient et de masse salariale.

Illustration 30
Fiche de poste

Localisation du poste
dans l'entreprise

Entreprise

Service : Back-office	FICHE DE POSTE	Date de mise à jour : 2 juin 2013
Unité : Contrat	Banque de X	Effectif : 2

Date d'actualisation

Effectif concerné

Métier repère : Technicien administratif des opérations bancaires « Dépôts, Crédits »
Emploi : Opérationnel ou opérationnel polyvalent

Positionnement dans la classification des emplois

Missions principales :

Missions

- Assurer le traitement des opérations de dépôts à terme, avances de trésorerie, Dailly, crédits et portefeuille.
- Justifier les comptes de ces activités.

Missions assurées dans le cadre de la polyvalence interne à l'unité

- Assurer le traitement des opérations de trésorerie / change et titres

Missions assurées dans le cadre de la polyvalence entre les unités du service de back-office :

Polyvalence demandée

- Lors des périodes de congés, d'absence prolongée des collaborateurs de l'unité « Flux » ou de pointe d'activité : saisir les opérations réalisées dans cette unité.

Relations hiérarchiques :

Relations hiérarchiques

- Directement rattaché au responsable de l'unité « Contrat ».

Relations fonctionnelles :

- Pour les dépôts à terme, avance de trésorerie, Dailly, crédits et portefeuille : le front-office, la direction des engagements, l'unité « Fichier Clients»
- Pour la trésorerie / change : les Cambistes,
- Pour les titres : le Front-Office titres et le conservateur
- Pour la justification des comptes : le service Audit et la Comptabilité.

Relations fonctionnelles

Responsabilités :

Responsabilités

- Traitement des opérations de Back-Office (saisie, pointage des opérations et des Paiements...).
- S'assurer de la qualilté des opérations réalisées (délai, conformité à la demande...).
- Vérifier et ajuster la compatibilité des opérations réalisées.

Critères de performance :

Critères d'évaluation

- Respect des échéances des opérations à réaliser.
- Qualité des opérations réalisées dans les temps impartis.
- Capacité à régulariser les anomalies dans les délais.
- Fiabilité des préconisations apportées pour résoudre les difficultés rencontrées.

↳ Avertissements

À partir de la matrice de polyvalence (*cf.* illustration 26, p. 107) indiquez dans les fiches de poste la polyvalence potentielle pour pouvoir bénéficier de souplesse dans les affectations de tâches.

Cette souplesse vous sera utile notamment lors de réduction momentanée ou prolongée de l'effectif.

Le changement des fiches de poste est un sujet sur lequel la direction des ressources humaines est forcément impliquée. Celle-ci essaiera de vous accompagner dans les évolutions positives que vous souhaitez. Cependant sa responsabilité l'amènera à observer vos enjeux au regard des conséquences sur l'ensemble de l'entreprise.

Aussi vos demandes seront d'autant mieux reçues qu'elles seront précises, à forts enjeux et qu'elles n'impacteront qu'une partie des fiches de poste de votre département, de votre service.

↳ Clés d'analyse et approfondissements

✓ Création d'une filière de progression dans le métier : à l'aide des différents outils que vous avez mis en œuvre et en ayant la vue globale des fiches de fonction (RH) de votre service, vous pouvez déterminer les éléments clés de progression dans le ou les métier(s) de votre organisation.

✓ Définir des objectifs de progression dans l'exercice du métier : le rapprochement de la définition des besoins de sécurité de fonctionnement et du turn-over par postes/fonctions (RH) doit vous permettre d'objectiver les objectifs de progrès individuels.

✓ Préparation de vos futurs recrutements : l'analyse des qualités nécessaires à la maîtrise des postes et fonctions (RH) permet de construire un profil type pour chacun d'entre eux. Il pourra vous servir de base à la construction de votre demande à la direction des ressources humaines.

Évaluer la tenue des emplois par vos collaborateurs

↪ Objectifs

Connaître la situation de vos collaborateurs par rapport à la tenue de leur emploi.

Mesurer les écarts avec la situation supposée.

↪ Moyen

Réaliser une évaluation de la tenue réelle de leur emploi par vos collaborateurs et la comparer à leur fiche de poste ou définition de fonction (RH).

↪ Documents source

Fiches de fonction (RH) ou de poste.

Dossiers individuels du personnel.

Indicateur de turn-over.

Classification des emplois.

↪ Éléments de méthodologie

La méthodologie vous apporte la possibilité de réaliser un constat de la situation de vos collaborateurs par rapport à la tenue de leur emploi sans provoquer de craintes ou de levées de boucliers. La collecte des informations qui vont alimenter votre constat sera réalisée à l'aide des tableaux de répartition du travail et du temps. Vous disposerez alors d'un constat factuel et récent.

Dans l'intérêt des personnes et des relations que vous aurez à entretenir avec elles dans le futur, complétez ce strict constat, lors de brefs échanges informels, par la connaissance de l'historique de la répartition des tâches et des responsabilités entre les collaborateurs.

La direction des ressources humaines mettra à votre disposition les dossiers individuels du personnel et les fiches de fonction (RH).

C'est la comparaison de ces informations qui devrait vous permettre d'identifier les écarts.

Dans ce genre d'exercice, il n'est pas rare de trouver des écarts sensibles. Avant d'émettre votre constat, vous aurez alors tout intérêt à comprendre les causes de ces écarts et à identifier leurs impacts potentiels.

→ Mode de réalisation

Réalisez le tableau de répartition du travail (*cf.* Fiche outil 4, p. 49).

Réalisez le tableau de répartition du temps (*cf.* Fiche outil 5, p 53).

À l'aide des fiches de fonction (RH) ou de poste et des dossiers individuels du personnel, évaluez la situation prévue de chaque collaborateur par rapport à son emploi.

Sur la base des deux tableaux de répartition réalisés, effectuez l'évaluation de la position actuelle de chacun d'entre eux.

Comparez les résultats des situations individuelles, prévues et actuelles.

→ Avertissements

Si vous venez d'arriver dans l'entreprise, informez-vous des politiques de gestion (formation, progression interne, turn-over…) auprès de la direction des ressources humaines.

Effectuez seul ce travail, sans communiquer votre objectif.

Ne suscitez pas d'attentes que vous ne pourriez satisfaire.

S'il existe des emplois repères qui ont une pesée, celle-ci repose sur des mots clés. Dans le cas où vous ne disposez pas du détail qui permet d'arriver à la pesée du poste, de la fonction (RH) ou de l'emploi, comparez plusieurs fiches pour identifier les travaux qui génèrent les écarts les plus importants. La prudence sera alors de mise pour décider des formations, affectations ou délégations les mettant en jeu.

→ Clés d'analyse et approfondissements

✓ Préparer des passerelles de mobilité vers d'autres métiers lorsque les besoins du service ne sont pas compatibles avec une évolution des collaborateurs : l'anticipation des solutions et le maniement de la communication sont les deux leviers dont vous disposez pour garantir le maintien de la motivation. Coordonnez votre action avec la direction des ressources humaines pour définir la période où vous communiquerez les possibilités offertes aux collaborateurs concernés.

✓ Valider votre matrice de polyvalence et contribuer à la gestion prévisionnelle des emplois et des compétences en effectuant un prévisionnel adapté au rythme du turn-over.

Passer de la notion de poste à celle de collaboration

La notion de poste est chère aux directeurs des ressources humaines. Pour cause, le nombre de postes leur permet de suivre les évolutions de l'effectif et de la masse salariale.

S'il est nécessaire de suivre le nombre de postes ouverts, fermés, pourvus…, il faut aussi prendre la mesure des évolutions.

La notion de poste ramène à l'organisation scientifique du travail (OST) et aux contemporains de Taylor. Il y a donc très longtemps.

Les nouvelles technologies et l'évolution des conditions de mobilité exercent une pression sur les organisations qui invite à opter pour une notion de collaboration plus souple pour remplacer celle de poste. Si la notion de collaboration a été préférée à d'autres, c'est qu'elle est moins connotée et déjà acceptée dans le cadre de l'entreprise. Celle de fonction (RH) déjà trop largement utilisée est souvent réservée à certaines catégories de postes et de collaborateurs.

Cette évolution de la base conceptuelle, longtemps attendue et toujours repoussée, devra se répercuter dans les pratiques pour favoriser la mise en place de solutions qui permettent aux hommes de s'engager plus aisément dans les projets de l'entreprise ; d'une entreprise soucieuse de leurs attentes, de leurs apports, en prise sur un monde et des techniques en évolution.

C'est pour mieux répondre aux besoins de cadrage de ces relations (encore) nouvelles que vous trouverez, page suivante, une fiche méthode de description de collaboration.

Concevoir une fiche
de description de collaboration

⤳ Objectif
Formaliser le cadrage des relations entre l'entreprise et ses collaborateurs.

⤳ Moyen
Cadrer objectifs, obligations et responsabilités d'un collaborateur.

⤳ Documents source
Convention collective.

Classification des emplois.

Accord d'entreprise.

Contrat de travail.

Fiche de fonction (RH) ou de poste.

⤳ Éléments de méthodologie
Pour cadrer la relation entre certains collaborateurs et l'entreprise, le temps de travail est une contrainte qui n'est plus d'actualité. On pourrait objecter que cela existe déjà. Ce qui caractérise les évolutions en cours, c'est que cette possibilité doit s'étendre à un très grand nombre de personnes.

Les débats autour de l'ARTT et de sa suppression peuvent paraître décalés par rapport au besoin de la mise en place de nouvelles relations de travail. Et les entreprises ont bien du mal à les mettre en place dans le cadre juridique et réglementaire existant. Ce qui est complexe à gérer a été clairement démontré par le dossier ARTT : c'est l'adaptation des règles à des entreprises qui ont des ambitions, des besoins et surtout des contextes de production et de concurrence dont la variété ne cesse de s'enrichir.

Faire face, sans chercher à remettre en cause les fondamentaux de la relation entre l'Homme et l'entreprise, les droits et devoirs qui incombent à chacun, nécessite de poser la question du cadrage opérationnel des relations de travail. C'est un cadrage plus précis, adapté à chaque type d'entreprise, qui permettra d'arriver à ouvrir des champs nouveaux aux responsabilités et à une autonomie conditionnelle renforcée. Tous en seront bénéficiaires :

- les entreprises qui pourront réduire les frais et les contraintes de la gestion d'infrastructures physiques lourdes et coûteuses ;
- les collaborateurs qui gagneront en temps de déplacement et qui auront la capacité à mieux organiser leur contribution et à améliorer la cohérence entre leur vie personnelle et professionnelle.

La continuité de présence va se transformer en passant d'une présence physique contrainte à une présence contributrice où la notion d'apports et de résultats sera plus affirmée. Le contrat sera alors de produire et de fournir une contribution à la réalisation d'objectifs plus précis. Le cadrage devra s'affirmer sur :

- les objectifs de la collaboration ;
- les liens d'autorité ;
- le périmètre de responsabilité ;
- le degré d'autonomie et de réalisation ;
- la mobilité ;
- les résultats attendus ;
- les conditions de réalisation.

↪ Mode de réalisation

Les objectifs de la collaboration

Repenser le contrat de travail et la relation entre l'individu et l'entreprise implique, au niveau d'un service ou d'un département, de préciser le besoin de celui-ci, de le cadrer sur les missions de l'entité (*cf.* Fiche méthode 2, p. 41). Pour inscrire la collaboration dans le long terme, un travail de synthèse permettra d'élargir la nature des objectifs fixés. Sur ce point, il faudra vous rapprocher de la direction des ressources humaines.

Fiche méthode

Les liens d'autorité

À l'intérieur d'un service, d'une unité ou d'un département, les liens ne varient pas ou peu par rapport à ceux qui pourraient être décrits dans une fiche de poste. Les différences portent essentiellement sur l'organisation de travaux collaboratifs. C'est sur ce dernier point que les règles nécessiteront d'être précisées.

Le périmètre de responsabilité

Il devra être décrit de façon précise. Adossé aux processus de travail existants, il devra permettre une évolution des processus traités et un réexamen périodique. L'évolution des missions de l'entité doit être prévue.

Le degré d'autonomie et de réalisation

Le degré d'autonomie est lié à la maîtrise des processus de travail. Au niveau individuel, la matrice de polyvalence vous servira de guide pour cadrer avec précision le degré d'autonomie et le besoin d'assistance et d'encadrement.

La mobilité

Il faut se poser la question du besoin. La présence physique devant s'imposer est celle qui correspond a *minima* à la création d'un sentiment d'équipe et aux travaux de coordination. Dans une structure tertiaire administrative adossée à un système d'information permettant la mobilité et le travail collaboratif à distance, deux jours par semaine, définis au gré de l'entreprise et pouvant varier selon ses besoins, semblent être le minimum pour une équipe ayant des pratiques communes encore récentes ou appelées à se transformer.

Les résultats attendus

Ils doivent être au plus proche de ceux attendus par les clients internes ou externes. Leur formalisation devra pouvoir être évolutive. La mise à disposition du référentiel sur un intranet est une condition d'un calage des pratiques sur le niveau attendu, et de l'exercice d'une autorité en cas contraire.

Fiche méthode

Les conditions de réalisation

Elles doivent être identiques à celles qu'aurait le même salarié s'il œuvrait dans les locaux de l'entreprise.

→ Avertissements

Il faudra assurer la cohérence avec le contrat de travail et se poser la question de son adaptation.

Renforcer l'autonomie des collaborateurs implique de repenser ses modes de management.

Attention aux habitudes, elles se prennent facilement mais se remettent en cause dans la douleur.

La possibilité de travailler à distance doit être un avantage qu'il faut régulièrement modifier pour éviter qu'il ne soit compris comme un acquis immuable.

→ Clé d'analyse et approfondissement

✓ L'organisation du travail collaboratif à distance et des conditions de validation des documents ou services délivrés permet d'amplifier les contributions en conservant le sentiment d'appartenance à un groupe, à une équipe.

Fiche méthode

PARTIE 2

Valider le constat
et proposer votre diagnostic

Vous avez achevé les analyses qui ont permis de documenter votre constat. Vous allez maintenant réaliser trois opérations avant de dresser votre plan d'actions :

• Synthétiser vos analyses pour présenter votre constat ;

• Construire votre diagnostic ;

• Organiser les validations.

La communication de vos travaux va être chargée d'un fort enjeu car de sa réussite dépend la mise en œuvre de votre plan d'actions.

Pour la réussir :

• évitez à vos interlocuteurs d'aller trop vite à la solution ;

• démontrez les raisons des choix à partir d'éléments factuels ;

• validez chaque phase séparément.

Illustration 31
Valider les résultats de vos travaux

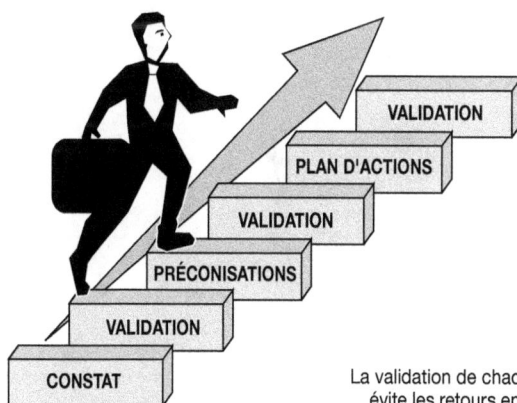

La validation de chaque phase
évite les retours en arrière

Synthétiser vos analyses et présenter votre constat

↪ Objectif
Communiquer votre constat.

↪ Moyens
Structurer les faits pour bâtir le constat.
Formaliser votre présentation du constat.

↪ Documents source
Rapport de mission du service organisation ou de cabinets de conseil.
Charte graphique, normes de rédaction internes....

↪ Éléments de méthodologie
Vous avez les résultats des analyses réalisées. Avant de vous lancer dans la formalisation de votre note de synthèse, vous devez vous assurer de bien poser le(s) problème(s). Pour cela :

- Vérifiez que votre constat ne comporte que des éléments factuels ;
- Décrivez les impacts de chaque fait ;
- Cherchez les causes et les conséquences de chacun des faits,
- Regroupez les faits en fonction de leur causes,
- Mesurez les impacts connus des faits puis calculez-les pour chaque cause,
- Estimez les impacts prévisibles et les risques potentiels de chaque fait puis regroupez-les par cause,
- Hiérarchisez les causes en fonction de l'importance de leur impact connu et potentiel,
- Synthétisez, qualifiez et quantifiez les grands enjeux.

Une note de synthèse doit être constituée de petits paragraphes composés de phrases courtes sans adjectif. Chaque paragraphe développe une idée et une seule.

La forme et le contenu des titres doivent être travaillés. Un titre est constitué d'une idée-force, ce n'est pas une tête de chapitre (exemple : l'effectif est surdimensionné de 20 %).

Les points essentiels sont illustrés par des schémas (trois ou quatre).

Les points développés sont les constats ; les analyses sont uniquement en annexes.

Le document est structuré autour des quatre points suivants :

- Rappel des objectifs et du contexte ;
- Principaux constats ;
- Axes de solution ;
- Comparaison des solutions et préconisations.

La version projetable ne doit pas excéder une dizaine de diapositives Power Point. En revanche, les principales annexes doivent être projetables à la demande.

➙ Mode de réalisation

Vous devez avoir une attitude rigoureuse et sceptique. Supprimez tous les éléments d'analyse que vous ne pouvez prouver ou démontrer. Cependant, si un de ces éléments vous semble important, prenez le temps de l'étude complémentaire qui vous permettra de le démontrer.

N'occultez aucun des faits car la qualité de votre analyse et de votre diagnostic repose sur l'intégration de l'ensemble des détails dans la vision globale que vous vous forgez.

La description des impacts de chaque fait doit être concise et les termes utilisés doivent être précis. Elle va vous aider à définir parmi les faits ceux qui sont générateurs d'autres dysfonctions, et à passer d'une liste à un premier enchaînement logique.

La différenciation des causes et des conséquences va vous permettre d'aboutir à une structuration logique des faits entre eux.

Ce travail est essentiel car il vous permet de préparer votre diagnostic en définissant les causes sur lesquelles agir.

Il est important, aussi, d'apporter une attention soutenue à la définition des conséquences car elle vous permettra de renforcer votre argumentation. Identifiez toutes les conséquences et impacts sans exception qu'ils soient quantitatifs ou qualitatifs (*cf.* illustration 32).

Une large majorité des impacts peut se convertir en unité monétaire. Cette conversion est conseillée car elle facilite la comparaison, situe les enjeux et permet le regroupement au niveau de chacune des causes.

Réalisez une note de synthèse de six à huit pages avec des annexes pour illustrer les points importants. Vous la remettrez à votre responsable hiérarchique à la fin de votre entretien. Attention : elle est appelée à circuler.

Constituez-vous des annexes synthétisant les analyses tout au long de celles-ci.

Imprimez les trois ou quatre schémas essentiels pour servir de supports visuels durant votre entretien avec votre responsable hiérarchique.

Préparez une version projetable de votre note de synthèse pour réaliser une présentation à plusieurs interlocuteurs si la demande en est faite.

Illustration 32
Structurer les faits pour bâtir le constat

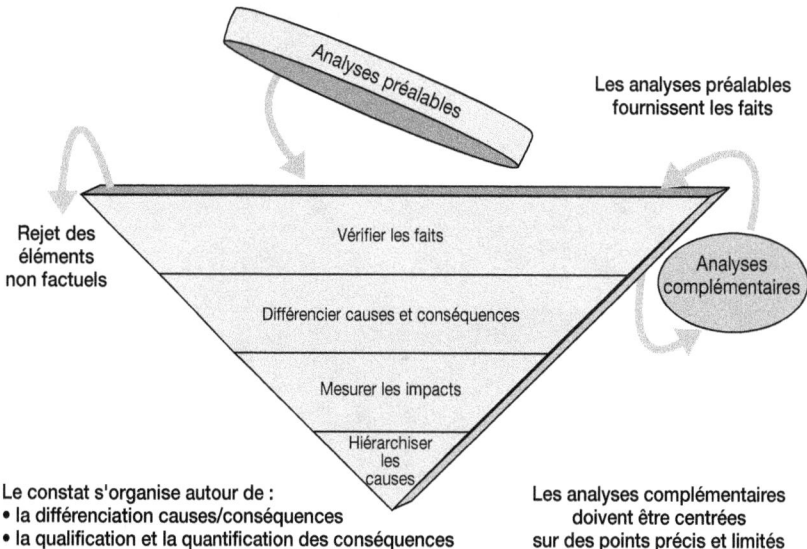

➥ Avertissements

Les impacts qualitatifs ont un coût !

Restez objectif dans vos réflexions et propositions. Un bon exercice consiste à lire vos documents en vous mettant à la place des personnes concernées et des décideurs.

Les études complémentaires doivent garder des proportions réduites (volume, durée, délai) par rapport aux analyses préalables.

Vos documents doivent rester strictement confidentiels au moins jusqu'à leur validation.

La clarté de vos documents est le gage de la bonne compréhension de vos propositions.

« Anticiper » est le maître mot de la réussite. Réalisez l'ensemble de la démarche de préparation du plan d'actions sans sauter aucune phase avant de proposer votre constat et d'engager la phase de validation.

➥ Clé d'analyse et approfondissements

✓ Identifier les possibilités de duplication du constat pour trouver des appuis et favoriser le changement : vos analyses et constats ne peuvent-ils avoir un champ d'application plus grand que celui que vous avez eu l'opportunité d'étudier ?

Construire votre diagnostic

➥ Objectif
Communiquer vos préconisations et les hypothèses qui les sous-tendent.

➥ Moyen
Identifier les actions à mettre en œuvre pour atteindre les objectifs de progrès identifiés.

➥ Documents source
Rapport de mission du service organisation ou de cabinets de conseil, Charte graphique, normes de rédaction internes...

➥ Éléments de méthodologie
Pour élaborer votre diagnostic vous devez procéder en deux étapes :
• Définir vos objectifs et dégager les leviers d'actions,
• Élaborer et formaliser vos préconisations.

Illustration 33
Votre démarche

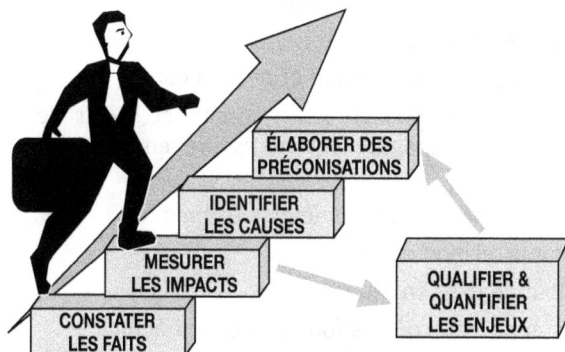

ÉLABORER DES PRÉCONISATIONS

IDENTIFIER LES CAUSES

MESURER LES IMPACTS

CONSTATER LES FAITS

QUALIFIER & QUANTIFIER LES ENJEUX

Définir vos objectifs et dégager les leviers d'actions

À partir de l'identification des causes et de leur hiérarchisation, dégagez les axes de solutions :

• Recherchez des ensembles logiques homogènes qui couvrent une large partie des changements à apporter ;
• Identifiez les éléments favorables à la mise en œuvre de chacun d'entre eux (consensus, attentes d'une partie des acteurs ou des collaborateurs, gains importants...) ;
• Sélectionnez les ensembles logiques les plus aisés à mettre en œuvre :
  – Définissez l'ensemble des objectifs à atteindre,
  – Hiérarchisez-les,
  – Listez les contraintes de chacun d'eux,
  – Analysez-les en vérifiant qu'elles sont réelles et incontournables,
  – Réalisez un planning des objectifs potentiels, de leurs contraintes et des effets de celles-ci, en détaillant ces derniers,
  – Choisissez trois ou quatre objectifs réalistes.

Élaborer et formaliser vos préconisations

Dégagez plusieurs scénarios d'organisation.

Vérifiez qu'ils couvrent l'intégralité des objectifs.

Rappelez les enjeux (quantitatifs et qualitatifs) et les principaux impacts (changements de méthodes, de structure, d'outils...).

Comparez les scénarios d'organisation à l'aide de différents critères :
• contribution à l'atteinte des objectifs ;
• amélioration de la performance ;
• amélioration du fonctionnement et de sa sécurité ;
• acceptabilité par les collaborateurs, (freins et leviers de motivation, intensité de l'accompagnement nécessaire en formation, coaching, communication...) ;
• complexité du changement sur le plan technique ;
• impacts sur la relation client ;
• délai et coût de mise en œuvre ;
• écart par rapport au coût de fonctionnement actuel ;

- investissements nécessaires...

Sélectionnez les deux ou trois scénarios d'organisation les plus efficaces.

Réalisez une matrice avantages/inconvénients pour les comparer.

Formalisez la présentation du diagnostic sur des diapositives PowerPoint en l'organisant selon la structure suivante :

- rappel des objectifs ;
- point des travaux réalisés ;
- objectifs de la réunion ;
- rappel des principaux points du constat ;
- orientations proposées ;
- scénarios possibles ;
- comparaison des scénarios.

➥ Mode de réalisation

Synthétisez les causes pour dégager trois ou quatre axes de solutions.

Centrez le diagnostic sur les objectifs principaux.

Proposez des scénarios simples et différenciés en les établissant à partir des contraintes et de la planification de leurs effets.

Les documents de présentation doivent être synthétiques. Le nombre de diapositives doit être limité à une quinzaine au maximum.

Les points présentés sont les préconisations, les hypothèses et un rappel des principaux constats. Les analyses et les éléments ayant servi à la construction des solutions sont uniquement en annexes. Les annexes et le constat doivent pouvoir être présentés à la demande lors des présentations du diagnostic.

➥ Avertissements

Un problème mal posé induit des solutions complexes ou inopérantes.

Méfiez-vous des fausses contraintes !

L'addition de solutions partielles ne crée pas une organisation viable.

Pour canaliser la contradiction, qui, bien qu'éventuelle, ne tardera pas à arriver, n'omettez pas de constituer plusieurs scénarios d'organisation. Ils serviront à engager le dialogue et à approfondir la réflexion.

Attention aux objectifs : avant de les proposer, mesurez les risques, identifiez les contraintes et assurez-vous qu'ils soient réalisables !

→ Clés d'analyse et approfondissements

✓ Rechercher une solution équilibrée entre l'intérêt général et les intérêts
particuliers : le moment de la réorganisation est un moment privilégié
dans la vie de l'entreprise et de votre entité. Profitez-en pour mettre en
place une dynamique de progrès et de réussite ! Pour la bâtir, il suffit
de vous appuyer sur les améliorations de qualité et d'efficacité dont
bénéficieront les clients et l'entreprise ainsi que sur les avantages que
chacun de vos collaborateurs devrait en retirer.

✓ Se positionner en responsable : c'est le moment de prendre du recul
sur vos aspirations et votre façon « d'habiter » votre fonction. Effectuez votre journée type ! Équilibrez-la en limitant le poids du quotidien
et en organisant vos tâches d'organisateur et de manager.

Organiser les validations

➥ Objectifs

Préparer le consensus autour de votre projet,

Sécuriser la mise en œuvre de votre plan d'actions.

➥ Moyen

Définir les validations et gérer la communication.

➥ Document source

Charte interne des modes et types de communication (compte rendu, note de service, rapport...).

➥ Éléments de méthodologie

Les validations représentent un moment clé dans le dispositif de préparation et de mise en œuvre du changement.

Le consensus est souvent difficile à obtenir. Sans prétendre l'atteindre systématiquement, il faut s'assurer de convaincre pour rassembler le plus largement possible plutôt que de forcer la décision. C'est donc par l'argumentation et une attitude assertive – vous affirmer dans le respect de vos interlocuteurs –, que vous pourrez franchir cette étape. Le reste n'est que technique et il vous suffira de suivre pas à pas le mode de réalisation et les avertissements que vous trouverez dans les pages suivantes.

➥ Mode de réalisation

Pour organiser les validations, vous allez traiter les points suivants :

• Définir les validations nécessaires ;

• Identifier les participants des séances de validation ;

• Gérer la communication autour des validations ;

• Réaliser les validations.

Définir les validations

Attribuez des objectifs à chaque phase de validation (constat, diagnostic, plan d'actions).

Identifiez les critères qui permettront d'évaluer leur atteinte.

Précisez le ou les moyens utilisés pour atteindre chaque objectif.

Établissez l'ordre du jour de chaque séance et la liste des décisions à prendre.

Vérifiez que chacun des critères de réussite pourra être atteint.

Identifier les participants des séances de validation

Définissez les entités impactées et leur structure de rattachement.

Listez les responsables des entités impactées et leurs responsables hiérarchiques.

Identifiez le niveau de décision nécessaire à la mise en œuvre de votre plan d'actions en fonction des décisions à prendre.

Listez les décisionnaires et affectez-les aux séances de validation durant lesquelles les décisions de leur ressort pourront être prises.

Listez l'ensemble des personnes concernées par chaque séance de validation.

Vérifiez qu'elles pourront contribuer à l'atteinte des objectifs des séances auxquelles vous souhaitez les convier.

Gérer la communication autour des validations

La communication préalable aux validations nécessite une double action :

• formelle pour convoquer les personnes concernées aux réunions ;

• informelle pour expliquer au cours d'entretiens bilatéraux vos motivations et faciliter les validations. C'est par l'acquisition de la connaissance des points de vue de chacun de vos interlocuteurs que vous pourrez identifier les arguments sur lesquels vous appuyer en priorité.

En fonction du risque perçu, du niveau d'adhésion et d'opposition à votre projet, vous pouvez diffuser les documents de séance au début de celle-ci ou simplement les joindre au compte rendu. Dans tous les cas, ce dernier doit être diffusé dès le lendemain.

Réaliser les validations

Les documents écrits de présentation donnent les informations essentielles de façon synthétique sans omettre d'utiliser la forme pour mettre en évidence les points fondamentaux.

Le rythme de la présentation orale doit être adapté à la bonne compréhension des auditeurs.

Si ceux-ci précisent dès le début de la séance qu'ils ont des contraintes de temps, proposez-leur de remettre la présentation à plus tard. Ne leur laissez pas les documents que vous avez prévu de remettre en séance. Proposez-leur de fixer une date immédiatement pour une nouvelle présentation qui aura lieu dans un délai court. N'acceptez pas de séance avec un auditoire trop réduit, inadapté à une prise de décisions.

Lorsque la séance va débuter, mettez-vous en situation de réaliser le travail qui vous incombe. Il s'agit d'un travail collaboratif qui vous impose d'avoir une attitude ouverte et sûre de vous.

Avant de débuter, présentez-vous puis encouragez les personnes à poser leurs questions durant votre exposé. Lorsqu'elles se produiront, soyez directif. Donnez des réponses brèves. Précisez, si besoin est, que vous donnerez de plus amples explications ultérieurement, puis enchaînez pour ne pas permettre aux autres participants de perdre le fil de vos propos.

L'organisation de l'exposé est présentée, ainsi que l'objectif de la séance. Chaque diapositive est introduite puis expliquée. Les textes ne sont pas lus.

Soyez face à votre auditoire et observez ses réactions. Priez les personnes d'intervenir lorsqu'elles émettent des signaux non verbaux.

Canalisez les interventions et, en cas de besoin, demandez aux personnes d'être brèves.

Soulignez les points d'accord pour éviter toute ambiguïté ultérieure et mentionnez-les dans le compte rendu.

Avant l'achèvement de la séance, réénoncez les objectifs de la réunion et les réponses qui leur ont été apportées. Reformulez les points d'accord. Définissez les prochaines étapes à accomplir y compris la diffusion du compte rendu. Remerciez les participants.

➥ **Avertissements**

Apportez une attention soutenue à la relation avec votre responsable hiérarchique pour être sûr d'avoir son soutien : donnez-lui au moins une étape d'avance sur les validations, préparez avec lui chaque séance, assurez-vous de sa présence à chacune pour bénéficier de sa caution...

Séparez les validations en plusieurs séances : constat, puis préconisations et enfin plan d'actions.

Identifiez les ordres de préséance existant entre les personnes et n'hésitez pas à dédoubler une séance de validation pour ménager les susceptibilités.

Au cours des séances de validation, regroupez les personnes qui pourront être ultérieurement impliquées dans les structures permanentes du projet.

La communication autour des validations doit se réaliser en élargissant progressivement le cercle des personnes informées. Néanmoins, tant que toutes les validations ne sont pas obtenues, la plus grande discrétion s'impose.

Le contrôle de l'information en période de validation impose que vous ne transmettiez pas d'information écrite préalablement aux séances, excepté si c'est absolument nécessaire.

La forme de vos présentations doit être adaptée au niveau de décision et de préoccupation de chaque public.

Attention aux objectifs, avant de les accepter, assurez-vous d'avoir les moyens et les ressources nécessaires pour les réussir !

➥ **Clé d'analyse et approfondissements**

✓ Tester la sensibilité de vos interlocuteurs aux thèmes sur lesquels vous bâtirez votre argumentation : la synthèse de votre liste d'arguments doit vous servir à « déminer » les séances de validation en permettant à chacun de vos interlocuteurs de s'exprimer dessus.

Fiche méthode

PARTIE 3

Proposer un plan d'actions et ses mesures d'accompagnement

La phase dans laquelle vous entrez maintenant est risquée et conditionne votre succès. Il va vous falloir convaincre votre hiérarchie de vous donner tous les moyens et concours nécessaires à la réussite de la mise en œuvre.

La maîtrise des risques passe par un fort investissement en temps dans cette phase de préparation de la mise en œuvre. Grâce à lui, la réalisation opérationnelle aura des coûts et des délais rationalisés, et évitera tous risques d'échec.

Illustration 34
Investir utilement son temps

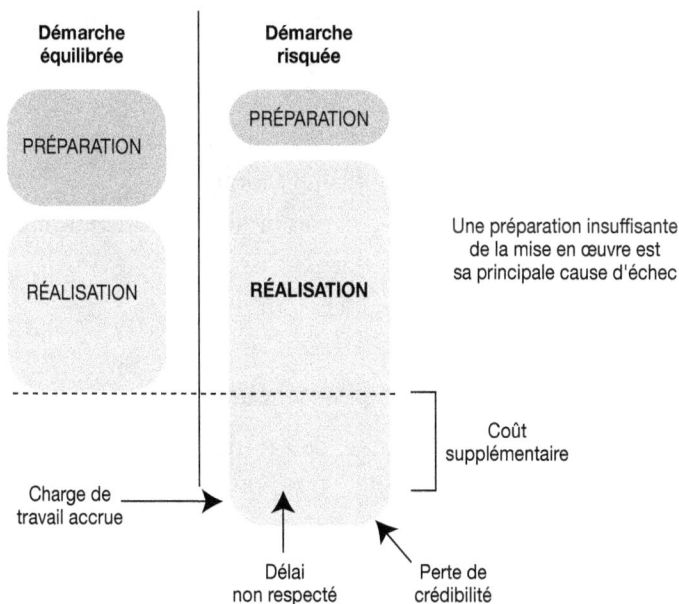

La réussite de votre plan implique d'abord une réflexion sur la tactique de mise en œuvre et d'appropriation du changement, ainsi que sur l'acquisition de la connaissance des points de coordination à mettre en place avec l'ensemble des autres projets en cours et à venir dans votre entreprise.

Votre rôle va impliquer que vous ayez une vision détaillée des actions à réaliser pour la mise en œuvre, et une vision globale des objectifs poursuivis et des impacts sur l'environnement dans lequel vous allez intervenir. La maîtrise des travaux opérationnels à réaliser pour la mise en œuvre nécessite que vous disposiez d'une planification adaptée à l'ampleur de votre projet, au nombre de ses acteurs et à l'importance de ses enjeux.

Les mesures d'accompagnement de la mise en œuvre, qui favoriseront l'appropriation par les acteurs comme par l'ensemble de l'entreprise des changements projetés, consistent, *a minima*, tout autant à aider les personnes à changer, qu'à les informer et à communiquer pour répondre aux interrogations et éviter le développement des craintes que suscite toujours le changement.

Pour préparer votre proposition de plan d'actions et ses mesures d'accompagnement nous vous proposons les points suivants :

• Concevoir tactiquement votre plan d'actions ;

• Intégrer votre plan d'actions dans les projets de votre entreprise ;

• Planifier le projet de changement ;

• Construire un plan de communication.

Concevoir tactiquement votre plan d'actions

En tant que membre du personnel de l'entreprise, vous disposez de plus de temps que les Consultants pour préparer et réaliser la mise en œuvre.

Ceux-ci viennent souvent pour une intervention ponctuelle et leur temps est compté.

Le choix tactique leur est donc dicté, c'est un choix de rupture, un « Big Bang ».

Cette tactique à l'avantage d'être rapide, visible, de créer une dynamique et de bénéficier de l'effet cliquet qui supprime toute tentation de retour en arrière.

Cependant, une option de ce type réalisée dans la précipitation ou tout au moins avec un degré de préparation insuffisant va générer un grand nombre de dégâts... collatéraux.

Peu importe, les consultants seront partis et pourront en porter la responsabilité.

A contrario, en interne la tentation est grande d'être trop frileux dans les remises en cause de « collègues », d'oublier que le temps a un coût et que le risque est de voir les projets s'enliser sans jamais parvenir à leur terme.

Pourtant l'anticipation des changements permet d'étaler dans le temps une partie des actions, de les rendre certes moins spectaculaires mais aussi plus efficaces financièrement et socialement.

L'anticipation et la planification des changements contribuent, par la multiplication des actions et l'accroissement de leur fréquence, à donner aux collaborateurs une réactivité plus grande à l'aménagement de leurs pratiques.

Or, c'est la vitesse du changement qui fera perdre aux repères leur immuabilité et ouvrira de nouveaux champs aux dynamiques collectives.

© Groupe Eyrolles

Fiche méthode 19

Intégrer votre plan d'actions dans les projets de l'entreprise

→ Objectif
Vérifier que la mise en œuvre de votre projet sera réalisable.

→ Moyen
S'assurer de la complémentarité des actions projetées avec les projets prévus au sein de l'entreprise et de leur faisabilité.

→ Documents source
Bilans annuels des années précédentes.

Copie des discours des dirigeants.

Plan pluriannuel.

Dossiers ou communication sur les grands projets de l'entreprise et du secteur d'activité.

→ Éléments de méthodologie
Il faudra d'abord dégager une vision globale de l'entreprise et de sa situation, éventuellement de son groupe, dans son contexte sectoriel. Vous avez pour cela les moteurs de recherche qui produiront tout ce qui a été publié sur Internet. Votre analyse devra porter sur le secteur d'activité de l'entreprise, avant même d'avoir regardé les éléments disponibles sur l'entreprise et ses principaux concurrents. Une interrogation des données publiées sur societe.com, des sites similaires ou auprès du site du tribunal de commerce complétera votre vision globale.

Il faudra ensuite vous mettre au fait des grands projets de l'entreprise. Les sources internes seront alors irremplaçables.

Les éléments macroéconomiques et sectoriels vous permettront de mieux comprendre la motivation des grands projets internes.

➥ Mode de réalisation

Identifiez les grands projets en cours ou prévus de l'entreprise au travers des documents et propos officiels.

Menez un entretien avec votre responsable hiérarchique et définissez avec lui les axes sur lesquels vous devrez porter votre attention. Au cours de cet entretien, faites-lui préciser quels sont les interlocuteurs à contacter. Il pourra certainement simplifier votre prise de rendez-vous au niveau des responsables disposant d'une vision globale des projets et de leurs impacts.

Durant ces rendez-vous, faites-vous expliquer les avantages et les impacts de chaque projet.

- Analysez les impacts et mesurez ceux qui concerneront votre périmètre.
- S'il n'existe pas, faites-vous un planning global, même succinct, de la mise en œuvre et des impacts des grands projets prévus.
- Validez-les auprès de votre responsable hiérarchique et laissez-lui la responsabilité et l'initiative des vérifications qui lui paraîtront utiles.
- Adaptez votre programme en fonction des impératifs des grands projets.

➥ Avertissements

Préparez avec soin les entretiens que vous allez réaliser car il vous sera difficile de les réitérer.

Cherchez l'information la plus factuelle possible. N'hésitez pas à récupérer les copies des documents de travail, ou mieux, les documents officiels.

Synthétisez et simplifiez vos documents de présentation.

➥ Clé d'analyse et approfondissements

✓ Mesurer les avantages et les inconvénients d'une anticipation des grands projets : analysez les mises en œuvre que vous pourrez réaliser préalablement, et qui prépareront et simplifieront leur mise en place.

Fiche méthode

Fiche méthode 20

Planification et choix des outils

↪ Objectif
Cadrer et sécuriser la mise en œuvre.

↪ Moyen
Valider les méthodes et la participation demandée.

↪ Documents source
Programmation de projets d'organisation.
Plannings prévisionnels des congés et repos.
Tableaux de bord d'activité.

↪ Éléments de méthodologie
Pour réaliser votre planification vous allez procéder en trois parties :
• Réaliser le diagramme de GANTT ;
• Dresser le PERT (Program Evaluation and Review Technic) ;
• Gérer le chemin critique et optimiser les coûts.
Le diagramme de GANTT vous permettra de détailler tous les travaux à effectuer, de préparer leur ordonnancement et de définir les ressources à mettre en œuvre.
Le PERT aboutira à la construction de votre planification.
La gestion du chemin critique vous permettra de l'optimiser.

Réaliser le diagramme de GANTT
Le diagramme de GANTT comporte l'ensemble des éléments suivants :
• Liste des travaux ;
• Acteurs concernés ;
• Enchaînement des tâches ;
• Charge de travail et/ou durée des tâches.

Si vous n'avez jamais construit un diagramme de GANTT, suivez les indications suivantes :

- Dressez la liste des travaux à réaliser. Commencez par lister les thèmes d'actions puis détaillez-les.

- Si vous avez une pratique limitée de cet exercice et/ou si l'enchaînement des travaux à réaliser vous paraît confus, nous vous conseillons d'utiliser le tableau de rationalisation des travaux à réaliser (*cf.* illustration 35). Pour l'utiliser, vous devez justifier chacun des travaux envisagés par son résultat, puis définir le travail suivant en partant du résultat obtenu. Ainsi, l'ensemble des enchaînements des travaux sera décrit et les enchaînements formeront des ensembles logiques faciles à déléguer.

Illustration 35
Tableau de rationalisation des travaux à réaliser

N	Travaux à réaliser	Résultats attendus

Numérotation — **Travaux** — **Résultats**

L'enchaînement des travaux et des résultats permet de les rationaliser en les limitant au strict nécessaire

Listez les acteurs nécessaires à la réalisation en vérifiant que leur savoir-faire correspond aux travaux que vous allez leur demander (*cf.* illustration 36).

Discriminez les tâches qui doivent être gérées par la charge de travail, de celles qui doivent être gérées par la durée de réalisation.

Exemples :

- la tenue d'une réunion s'estime en durée ;
- la rédaction d'une procédure s'estime en charge de travail.

Estimez la charge de travail ou la durée de chaque tâche.

Définissez l'enchaînement des tâches en précisant pour chacune d'entre elles la précédente et la suivante.

Précisez les conditions de lancement des tâches :

- ASAP (As Soon As Possible/dès que possible) ;
- ALAP (As Late As Possible/le plus tard possible) ;
- Fixe (date convenue) ;
- Au début ou à la fin de la ou des tâche(s) antérieure(s).

Illustration 36
Sélection des acteurs du projet

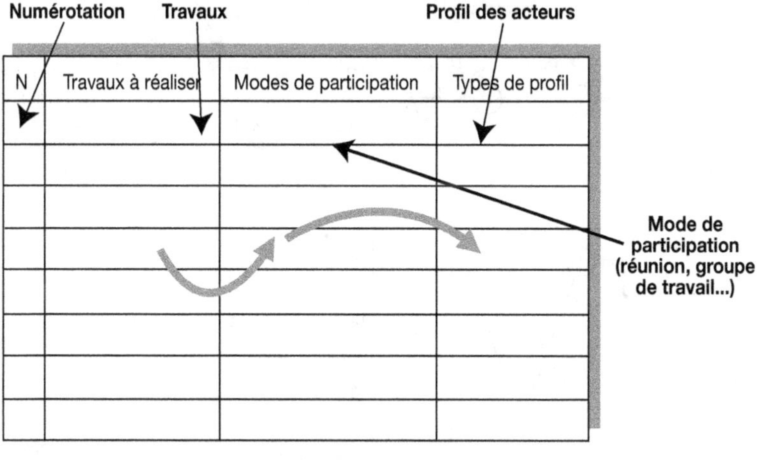

Rapprocher les travaux à réaliser et
les modes de participation pour
définir le profil des acteurs du projet

Dresser le PERT

Définissez le calendrier global de votre planning et son mode de gestion global (date butoir ou gestion de délai).

Fixez des points de contrôle qui serviront de jalons (tâches fixes sans charge, ni délai ou comités de pilotage...).

Positionnez les tâches les unes après les autres. Si vous pratiquez manuellement, la représentation de chaque tâche doit être réalisée selon l'illustration 37, soit :

- Double trait entre deux cercles pour symboliser la tâche. Ce trait peut être proportionnel au délai ;
- Intitulé de la tâche. Cet intitulé peut comprendre une numérotation, notamment lorsque le nombre de tâches est important ;

Illustration 37
Formalisation du PERT

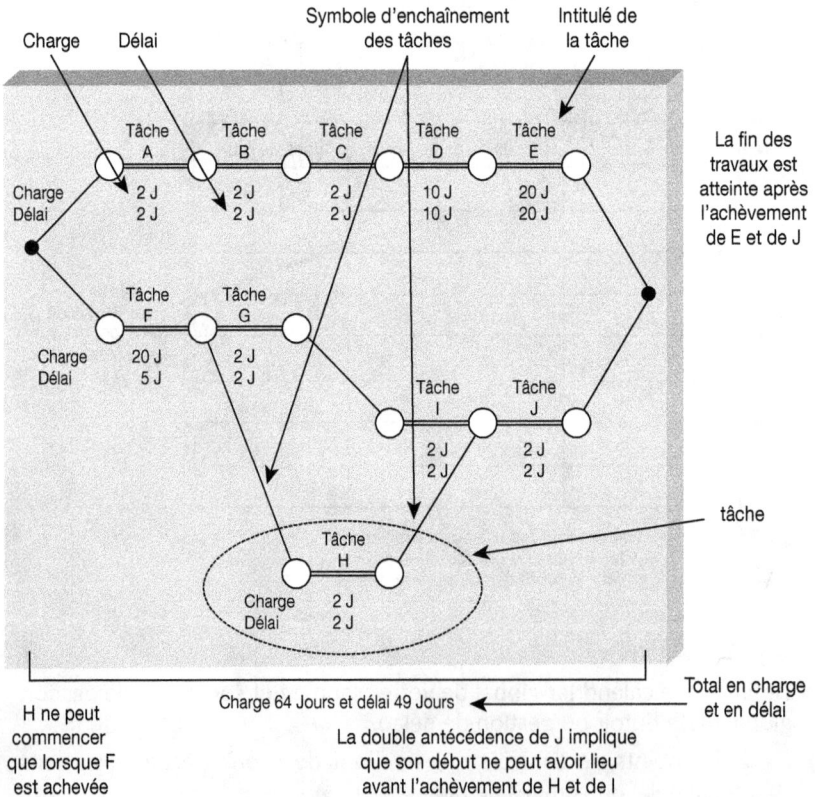

Charge   Délai   Symbole d'enchaînement   Intitulé de
                              des tâches   la tâche

Tâche A   Tâche B   Tâche C   Tâche D   Tâche E

Charge   2 J   2 J   2 J   10 J   20 J
Délai   2 J   2 J   2 J   10 J   20 J

La fin des travaux est atteinte après l'achèvement de E et de J

Tâche F   Tâche G

Charge   20 J   2 J
Délai   5 J   2 J

Tâche I   Tâche J

2 J   2 J
2 J   2 J

tâche

Tâche H

Charge   2 J
Délai   2 J

Total en charge et en délai

H ne peut commencer que lorsque F est achevée

La double antécédence de J implique que son début ne peut avoir lieu avant l'achèvement de H et de I

Fiche méthode

© Groupe Eyrolles

- Données de charge et de délai en jours ou heures ;
- Liens de dépendance unissant chaque tâche avec la tâche précédente/suivante.

Si le nombre de tâches est important et les enchaînements complexes, continuez par la fin du planning, puis raccordez les deux parties.

Insérez les validations préalablement prévues.

Gérer le chemin critique et optimiser les coûts

Améliorez la concomitance des tâches (*cf.* illustration 38).

Illustration 38

Optimiser les délais du projet

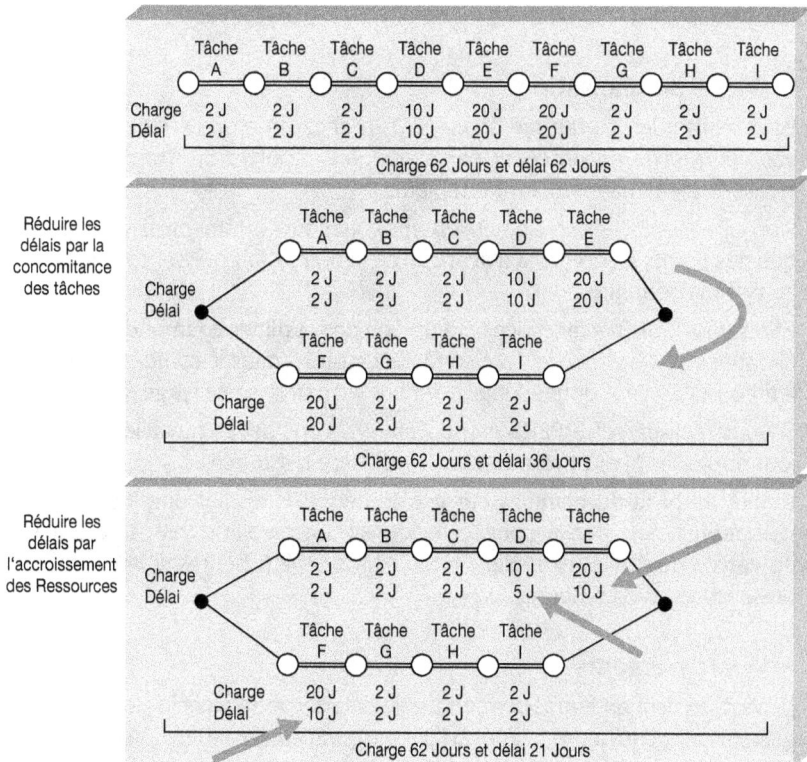

Gérez les conflits de ressources.

Votre objectif est d'éviter de mettre en difficulté les acteurs en leur imposant une surcharge de travail. L'identification des conflits de ressources est automatique sur les logiciels de gestion de projet.

Manuellement, assurez-vous *a minima* de ne pas dépasser les pratiques usuelles de votre entreprise.

L'identification des tâches qui font partie du chemin critique est automatique sur un logiciel de gestion de projet.

Travaillez-les pour en réduire la durée, la charge, le risque et si possible les exclure du chemin critique.

L'optimisation des coûts est facilitée avec les logiciels de gestion de projet. Il vous suffit d'insérer les éléments de coûts moyens de chaque ressource et acteur. Les calculs par tâches sont automatiques. Faites une extraction des tâches par ordre décroissant de coûts et analysez-les.

➥ Mode de réalisation

Pour réaliser le diagramme de GANTT, prenez un mode « création » qui vous permettra de procéder par étapes ou importez la liste des tâches réalisées préalablement sur un tableur.

Découpez les tâches en éléments homogènes suffisamment détaillés pour que des points de contrôle d'avancée de la réalisation puissent s'effectuer au rythme souhaité.

Faites-vous aider par le service organisation pour estimer le temps des travaux (il dispose de l'expérience de la conduite de projet dans le contexte de cette entreprise) ou vous donner un avis sur vos estimations de charge et de délai.

Si vous réalisez votre PERT manuellement, vous devez travailler jour par jour pour identifier et résoudre les conflits de ressources.

L'unité de base du planificateur est de deux heures sur une journée de huit heures. Adaptez-la pour rester dans les accords de temps de travail de votre entreprise (exemple : trois plages de 2,5 heures si la durée de présence est de 7,5 heures...).

➥ Avertissements

L'investissement en temps permettant de détailler votre planification sera largement compensé par la facilité du pilotage durant la phase de mise en œuvre.

© Groupe Eyrolles

Lorsque la planification met en jeu plusieurs acteurs et plusieurs centaines de tâches, il est impératif de la gérer sous un logiciel de gestion de projet.

Si vous n'avez jamais réalisé de planning important avant d'utiliser un logiciel de gestion de projet, commencez par réaliser manuellement un GANTT et un PERT comprenant une petite séquence de tâches. Vous faciliterez votre prise en main du logiciel. Ensuite utilisez le tutoriel.

Vous devez sélectionner les acteurs du projet aussi rigoureusement que pour une embauche. Le succès de votre projet est lié à la qualité des hommes, à leur investissement et à leur motivation.

N'omettez pas de laisser des marges de délai entre les tâches. Elles doivent rester raisonnables et ne pas permettre l'interruption d'une dynamique de projet. Cependant, elles sont autant de mesures de sécurité pour ne pas changer la date de fin de projet.

La maîtrise des délais est une des conditions de la maîtrise des coûts.

Une planification établie sur une base d'unité de travail trop large n'est pas efficace. Elle prépare le(s) glissement(s) de l'achèvement des travaux.

La tentation est grande de soumettre les acteurs à des périodes de suractivité en planifiant des délais très courts. Cette tactique n'est pas complètement à bannir. Toutefois, attention à ne pas provoquer des tensions dommageables.

Plus l'intensité de la résistance au changement est forte, plus le rythme des contrôles d'avancée des réalisations doit être rapproché.

Le chemin critique correspond à la zone de risque du programme. Vous devez donc mettre en place un suivi rapproché, en qualité et en délai, de la réalisation de ces tâches. Préparez des alternatives à leur mode d'exécution et gardez en réserve des ressources et des moyens complémentaires pour les effectuer.

Si vous devez vous impliquer en tant qu'acteur dans le programme, concentrez votre intervention sur ces tâches.

↳ Clé d'analyse et approfondissements

✓ Anticiper et gérer les risques potentiels : à partir du planning réalisé et de l'analyse des risques, vous pourrez effectuer des simulations de planification pour imaginer les parades aux risques identifiés. Sur cette base, vous pourrez aussi définir les décisions à prendre pour ne pas laisser s'installer de périodes de latence.

Choisir des outils de planification

Le choix des outils est à faire en fonction du nombre de tâches, de la durée du programme et du nombre d'intervenants que vous avez à gérer. L'objectif de la planification peut aussi aiguiller votre choix. Il peut consister simplement à répartir et à ordonnancer les tâches du programme ou bien devenir un véritable outil de management et de communication.

Dans le premier cas, un simple tableur permet de gérer quelques dizaines de tâches et des éditions suffisantes pour animer un comité de lancement ou une séance d'information.

En revanche, dès que vous souhaiterez gérer plus d'une centaine de tâches et effectuer un contrôle rapproché de l'avancement du travail, vous aurez tout intérêt à vous munir d'un logiciel de gestion de projet. Cependant choisissez-le avec prudence car les logiciels les plus répandus ne sont pas forcément les plus efficaces.

Si vous n'êtes pas équipé d'un logiciel de gestion de projet, choisissez-le en prenant garde aux principaux critères discriminants suivants :

- Nombre de niveaux d'indentation des tâches : l'indentation permet de détailler à des échelles différentes les travaux à réaliser. Nous vous conseillons de rechercher un logiciel qui gère un minimum de 5 niveaux.

- Nombre de tâches et de ressources : éviter les logiciels comportant des limites logiques.

- Pilotage individualisé des tâches par la charge ou par le délai.

- Choix du mode de calcul d'étalement de la charge et de résolution des conflits de ressources : calcul automatique ou manuel.

- Le planning est un outil de management, aussi les fonctions de calcul ou de recalcul automatiques doivent être utilisées sans devenir une contrainte. Cette fonction permet de gérer l'utilisation des ressources en limitant le nombre de jours dans la semaine et le nombre d'heures par jour. Elle permet de réorganiser les tâches lorsqu'il y a concomitance d'utilisation d'une ou de plusieurs ressources.

- Multiplicité des modes de construction du GANTT permettant de se concentrer sur la conception, de procéder par étapes et de le construire en plusieurs fois.

- Filtres et tris sans limitation d'indexation (ressources, périodes, réalisé, statut…).

- Dépendance des tâches comportant une fonction de visualisation et de modification simple à utiliser.

- Fonctions d'import et d'export des données vers un tableur…

- Fonctions d'édition du GANTT, du PERT et du chemin critique sous une forme présentable. Il faut donc que ces éditions puissent être imprimées au format A4 avec une légende.

- Fonction de tutoriel permettant une prise en main rapide du logiciel.

Construire un plan
de communication

➥ Objectif

Renforcer l'adhésion au changement par des actions de communication cohérentes et ciblées.

➥ Moyen

Informer l'ensemble des collaborateurs et des clients des changements et de l'évolution de l'entreprise.

➥ Documents source

Médias de communication propres de l'entreprise.

Politique de communication interne et externe.

Plan médias réalisé par le service communication.

➥ Éléments de méthodologie

Pour concevoir un plan de communication préparant la mise en œuvre et l'appropriation du changement par les acteurs, les autres collaborateurs de l'entreprise et éventuellement les clients, vous devez procéder en deux étapes successives :

- élaborer la cartographie des cibles de communication (*cf.* illustration 39),
- définir les objectifs des actions de communication et leur mode de réalisation (*cf.* illustration 40).

Élaborer la cartographie des cibles de communication

En interne, constituez des groupes homogènes de collaborateurs en observant les impacts de la mise en œuvre à l'échelle :

- de votre service, des autres entités impactées ou contribuant à la mise en œuvre ;

- de la direction à laquelle votre entité appartient, celles des directions impactées ou dont les entités participent à la mise en œuvre ;
- des groupes transversaux (exemple : les responsables des services de production du siège, les collaborateurs du réseau de distribution, les collaborateurs rattachés aux services fonctionnels…) ;
- des fonctions rattachées à la direction générale ;
- de l'ensemble de votre entreprise.

Si le changement impacte les clients, composez des groupes homogènes en fonction de l'impact :

- le client est directement concerné par le changement ;
- il est potentiellement concerné ;
- il n'est pas concerné.

Définissez l'impact subi par chaque groupe en le qualifiant et en évaluant son intensité.
Pour le qualifier, ne vous limitez pas à l'impact technique, mais interrogez-vous aussi sur l'impact humain.

Illustration 39
Cartographie des cibles de communication

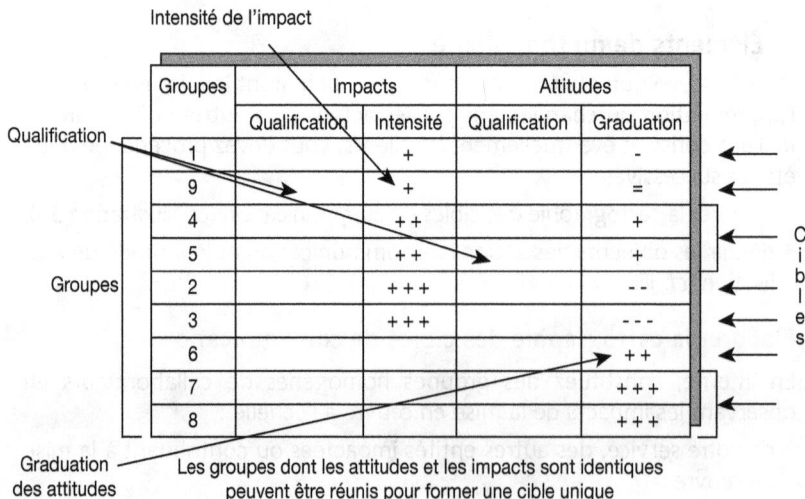

Groupes	Impacts		Attitudes	
	Qualification	Intensité	Qualification	Graduation
1		+		-
9		+		=
4		+ +		+
5		+ +		+
2		+ + +		- -
3		+ + +		- - -
6				+ +
7				+ + +
8				+ + +

Les groupes dont les attitudes et les impacts sont identiques peuvent être réunis pour former une cible unique

Au sein de votre service, analysez notamment les modifications de l'organigramme informel (*cf.* Fiche outil 2, p. 35).

De la même façon, définissez l'attitude de chaque groupe vis-à-vis du changement projeté.

Définissez les cibles de communication. Chaque groupe homogène est une cible potentielle. Il est possible et souhaitable d'en regrouper quelques-unes, notamment lorsqu'elles ont des impacts identiques et/ou des attitudes similaires face au changement proposé.

Définir les objectifs des actions de communication et leur mode de réalisation

Les principales actions de fond sont les suivantes :

- **Lancer les actions**. Les validations ont peut-être suffi à informer toute la hiérarchie des directions et services concernés. Si ce n'est pas le cas, attelez-vous à cette tâche en priorité avec tous les égards nécessaires. Puis commencez par une séance d'information réunissant les collaborateurs concernés durant laquelle vous présenterez les objectifs, les principaux résultats des études menées et pour laquelle vous vous assurerez *a minima* de la « présence-caution » de votre responsable hiérarchique. Une information de l'ensemble de l'entreprise pourra s'envisager sur un média interne, à défaut sur un support créé pour l'occasion. Enfin, les clients pourront être prévenus sur un support générique.

- **Valider la progression**. Avec les décideurs, la validation doit s'opérer à chaque franchissement d'étape de la mise en œuvre durant des réunions dont le calendrier et l'ordre du jour sont prévus d'avance. Ces validations ont pour avantage de cadrer l'avancée de la mise en œuvre sur un calendrier et vous donnent une légitimité pour contraindre les acteurs à le respecter. Avec les acteurs, des réunions régulières pour constater l'avancée de la mise en œuvre sont nécessaires si l'effectif de l'équipe est supérieur à trois ou quatre personnes. Le but de ces réunions, au-delà du point d'avancée et des éventuelles mesures permettant de maîtriser le calendrier de mise en œuvre, est de renforcer la cohésion des acteurs, de dynamiser les membres de l'équipe et d'assurer à chacun le recul nécessaire par rapport aux actions dans lesquelles il est engagé.

- **Éviter l'effet tunnel**. Si le projet est trop long et si sa visibilité n'est pas suffisante pour l'ensemble des collaborateurs de l'entreprise, signalez à intervalle régulier (mensuel au minimum, bi-mensuel de préférence) les progrès et avancées réalisés. Un support ou une rubrique dans le média interne peut faire l'affaire.
- **Sacraliser la fin des actions**. Utilisez les mêmes médias que pour le lancement. N'omettez pas d'informer chacune des cibles de communication. Pour les directions, effectuez un bilan comparant les objectifs, les prévisions et le constaté (coût, délai...). Pour les acteurs, organisez une réunion d'information et de remerciements des actions de chacun, y compris des plus modestes. Faites-la se terminer sur une note festive, elle sera le gage d'une inscription dans le temps de relations positives.

Les principales actions spécifiques sont les suivantes :

- **Assurer la cohérence du niveau d'information**. Vérifiez lors de chaque action que l'ensemble des cibles a bien été mis au même niveau d'information. Si ce n'est pas le cas, changez de média ou faites une information complémentaire.
- **Rectifier la compréhension des messages et des situations**. Après chaque action de communication, allez sonder quelques personnes de chaque cible pour mesurer la diffraction entre le message émis et le message reçu. Si celle-ci est sensible, vous devez réajuster votre communication pour en restreindre l'écart. Votre action peut cependant être différée et s'intégrer aux prochains messages prévus si les conséquences restent limitées. En revanche, si les conséquences risquent d'être importantes, vous devez organiser sans délai une nouvelle action qui compense la diffraction.

Attention

Cette action ne doit pas remettre en cause les messages précédents pour ne pas induire de confusion ni décrédibiliser vos futures actions de communication.

Fiche méthode

Illustration 40
Préparer l'action par la communication

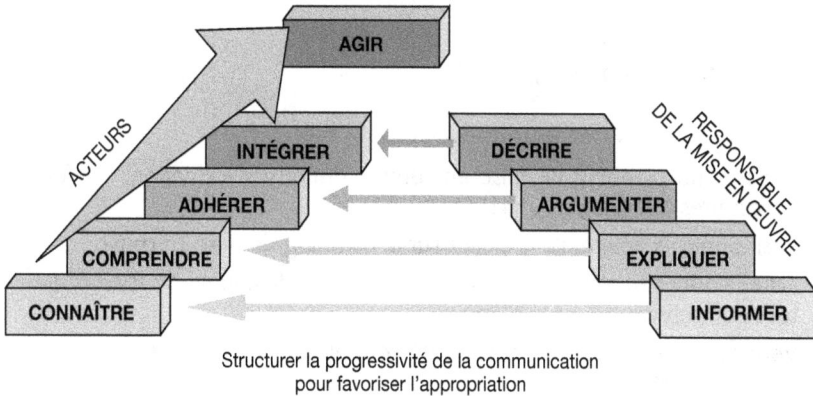

Structurer la progressivité de la communication
pour favoriser l'appropriation

Si vous percevez qu'un message n'a pas été intégré par tout ou partie de vos cibles, réaffirmez-le par d'autres canaux ou d'autres modes de communication.

Attention

La cohérence et la lisibilité de votre communication impliquent que vous ne laissiez aucune cible susceptible de diffuser des messages erronés.

• **Expliquer les écarts par rapport aux prévisions**. Chacun des écarts doit être géré dans la transparence, sans délai. Avec les décideurs : informez dès la prochaine réunion prévue en fournissant une solution simple qui remportera l'adhésion. Avec les autres cibles : communiquez en réduisant les écarts aux problèmes techniques ou logistiques rencontrés et expliquez pourquoi il n'a pas été possible de les éviter. Si l'écart est l'expression d'une résistance au changement, ramenez-le à des éléments concrets et proposez des solutions techniques. Expliquez ce que vous allez faire pour résoudre les problèmes identifiés (études

176 Organiser un service ou une unité

complémentaires, réunions de concertations, matériels supplémentaires...) en planifiant ces actions sur des délais aussi restreints que possible.

⤳ Mode de réalisation

Réaliser le plan de communication

À partir du planning de mise en œuvre, définissez les actions de fond nécessaires (*cf.* illustration 41) et leur fréquence.

Positionnez chacune d'entre elles sur le planning de mise en œuvre.

Listez pour chaque cible l'ensemble des actions de communication projetées et insérez-les dans le planning.

Vérifiez la cohérence des actions de communication concernant la cible la plus impactée.

Effectuez la même opération pour chacune des autres cibles.

Pour les cibles « acteurs », veillez à séparer les actions de communication pour que chaque objectif soit atteint séparément. Structurez les messages autour des actions à mettre en œuvre, cela créera la progressivité qui préparera l'appropriation du changement. Il est préférable que l'ensemble des objectifs soit atteint avant le début de la mise en œuvre (*cf.* illustration 40).

Vérifiez la cohérence des actions dans le temps pour l'ensemble des cibles.

Choisissez les médias adaptés aux objectifs poursuivis.

Analysez les délais entre chaque action pour chacune des cibles. Modifiez votre planification ou ajoutez des actions complémentaires si vous trouvez des délais supérieurs à quinze jours.

La vérification de la cohérence de votre plan de communication est un facteur majeur de réussite de la mise en œuvre. Vous devez y apporter un soin particulier. La cohérence des actions de communication doit d'abord être observée date par date et cible par cible. Ensuite, c'est la cohérence du plan de communication d'ensemble qui doit être observée. Enfin, il faut vous assurer de ne jamais laisser le terrain de la communication inoccupé pendant l'ensemble du programme.

La communication informelle peut compléter avec efficacité votre plan.

Illustration 41

Plan de communication

Actions / Médias

Les actions sont définies en fonction de leurs objectifs

Les médias sont choisis en fonction de leurs impacts

Les dates des actions sont corrélées aux événements du projet

Temps

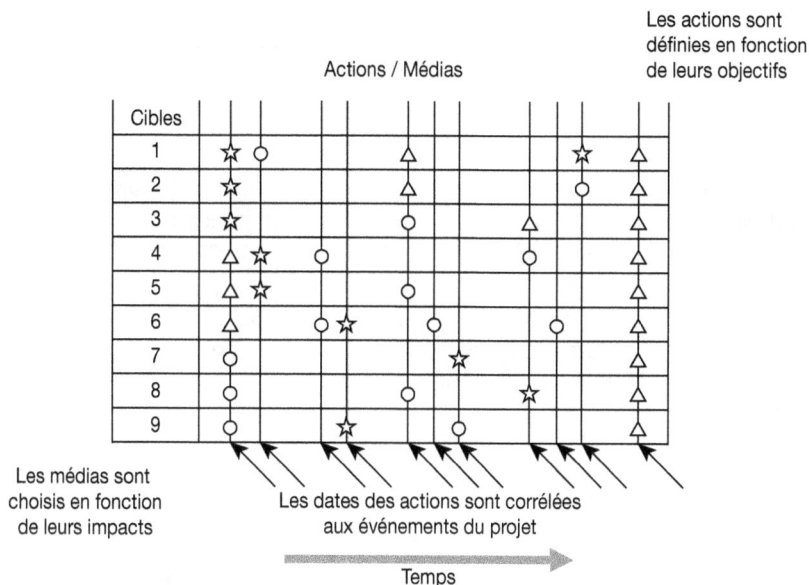

➥ Avertissements

Ne minorez pas l'impact du changement !

Ne vous limitez pas à estimer l'impact réel, mais cherchez à comprendre l'impact ressenti par les personnes.

Lorsque vous constituerez les cibles de communication, ne tombez pas dans la facilité en réduisant trop fortement le nombre de cibles. Vous vous priveriez de toute la finesse de cet outil de management.

Plus la taille de l'effectif de votre entreprise est importante, plus vous devrez attacher de l'importance aux relais de communication. Servez-vous des leaders d'opinion et n'omettez pas l'information des collaborateurs élus dans les instances de représentation du personnel.

Les comportements des collaborateurs de l'entreprise évoluent très rapidement, aussi devez-vous être constamment vigilant et prêt à lancer de nouvelles actions de communication.

Pour informer les clients, rapprochez-vous du service consommateurs ou service clients pour analyser comment sera perçu le changement et définir la communication d'accompagnement adaptée.

Évitez les susceptibilités et affirmez votre prééminence : les personnes concernées doivent toujours être informées par vous-même en premier.

Évitez les notes de service ou notes internes pour communiquer sur le changement et sa mise en œuvre.

Ne changez pas l'usage, le contenu d'un média pour combler un oubli ou un vide. Un « flash d'information », un « communiqué » ou toute autre démarche similaire complétant l'information donnée est préférable.

Favorisez l'appropriation et la prise en charge de la mise en œuvre en remerciant régulièrement les acteurs de leur contribution. Ne vous limitez pas aux contributeurs les plus importants mais soulignez tous les apports, aussi minimes soient-ils. Reconnaissez le mérite des acteurs et faites-le savoir à tous.

L'achèvement de la mise en œuvre mérite autant d'attention que son lancement. Vous êtes condamné à la réussir si vous ne voulez pas que l'on pense qu'elle ne s'est pas bien passée, voire qu'elle n'a pas été jusqu'à son terme.

Si le changement projeté touche uniquement votre entité, changez d'échelle en travaillant au niveau de chacune des personnes concernées.

Profitez-en, faites-en un succès !
  Votre succès.

⤷ Clé d'analyse et approfondissements

✓ Organiser la communication ascendante : pour vous donner l'occasion de vous assurer de la bonne compréhension des messages, renforcez les messages émis, expliquez les choix... et favorisez l'appropriation.

Fiche méthode

PARTIE 4

Mettre l'organisation
sous contrôle

Cette quatrième partie a pour objectif de sécuriser le fonctionnement de votre service ou département en vous aidant à mettre en place des leviers de management.

Elle est constituée de deux sections :

* La première traite des procédures et de l'intérêt de les mettre en place, avec :
  - un texte sur l'intérêt des procédures pour le management de l'entreprise,
  - une fiche méthode : Formaliser une procédure,
  - une fiche méthode : Formaliser un mode opératoire.
* La seconde traite des tableaux de bord, du décisionnel et de l'animation de la qualité avec :
  - un texte sur la maturité du décisionnel,
  - une fiche méthode : Concevoir un tableau de bord décisionnel,
  - une fiche outil : Concevoir un tableau de bord de suivi de production,
  - un texte sur l'animation de la qualité,
  - une fiche outil : Concevoir un tableau de bord qualité.

1

PROCÉDURES ET INTÉRÊT
DE MISE EN PLACE

Intérêt des procédures pour le management de l'entreprise

La mise sous contrôle d'une organisation passe par la réalisation de procédures. L'intérêt d'avoir des procédures pour couvrir les activités de l'entreprise est multiple.

En premier lieu, leur établissement permet de préciser les méthodes choisies par l'entreprise. Elles permettent de formaliser le déroulement des processus tels qu'ils sont voulus, attendus par les clients internes et externes.

L'investissement nécessité par leur rédaction est assez lourd, mais il est très largement compensé par le renforcement de la cohésion des collaborateurs de l'entreprise. Mettre tout le monde d'accord en interne sur le choix des méthodes et les bonnes pratiques à mettre en œuvre s'avère souvent complexe. Cette action de cohésion va permettre à tous de se retrouver sur des pratiques et des valeurs. Notre conseil est bien sûr d'associer largement les collaborateurs de tous niveaux à l'établissement de ces procédures. L'ampleur de la mobilisation permettra la réussite du renforcement de la cohésion et favorisera l'appropriation des procédures par tous.

Ultérieurement, il faut s'assurer de la mise à jour régulière de ces procédures. L'objectif est de ne pas perdre l'investissement de leur description initiale et de se doter d'un levier de management. Parmi tous les choix d'organisation possibles, nous observons que le mieux à même pour mettre à jour ces procédures est le responsable de département ou de service. Il détient l'expertise métier et la capacité à identifier les impacts sur ses collaborateurs, et sur ceux de ses pairs. Sa vision globale de l'entreprise lui permettra de s'assurer que l'ensemble des entités concernées ont bien été consultées sur les évolutions souhaitables.

Ce levier de management apporté par les procédures va permettre d'agir tout à la fois sur la conformité des produits ou services délivrés, la cohérence d'ensemble des processus internes et des travaux réalisés par toutes les entités, mais aussi sur les comportements individuels ; des missions régulières et aléatoires d'audit permettront de gérer écarts et déviances.

Formaliser une procédure

↬ Objectifs

Accompagner des changements d'organisation ou de système d'information,

Réduire les écarts entre l'organisation souhaitée et les pratiques des collaborateurs.

↬ Moyens

Partager les responsabilités et les travaux à accomplir,

Formaliser les procédures.

↬ Documents source

Procédures existantes,

Rapports d'audit concernant votre service, votre département ou votre direction.

↬ Éléments de méthodologie

Vous allez trouver, ci-après, le mode de formalisation des processus et dans la fiche méthode suivante celui des modes opératoires[1]. La formalisation des procédures est utile pour atteindre un objectif qui vous intéresse directement : la définition des règles de fonctionnement internes à une entité, un service, un département. Elles permettent de répondre avec précision aux interrogations sur le périmètre de responsabilité des collaborateurs et/ou des entités en fonction de l'échelle choisie.

Dans les deux modes de formalisation, le support qui s'avère le plus efficace est aisé à manipuler et facilement accessible. C'est pourquoi nous vous conseillons de concevoir des petits livrets brochés ou reliés au format

---

1 Sur les objectifs des différents modes de formalisation des processus voir l'illustration 19 page 70.

A4 distribués à chaque collaborateur. Une version mise en ligne sur un intranet peut être bénéfique. Cependant, une version « papier » remise en main propre à chaque collaborateur concerné implique plus fortement le destinataire. Dans certaines entreprises où la culture est très formaliste, il est même possible de faire signer un « accusé de réception » des procédures transmises. Dans d'autres, une remise lors d'une journée d'information ou de formation interne permettra d'officialiser cette transmission. La feuille d'émargement permettra de garder une trace de la délivrance de l'information.

Chacun des deux supports comporte une procédure complète, de l'acte de vente au client à la précomptabilisation des opérations, car l'objectif est de permettre à chaque collaborateur d'avoir la perception de la situation des travaux qu'il réalise et celle des impacts de la non-qualité[1].

L'avantage que cela représente est double :

• Chaque collaborateur connaît les correspondants en entrée et en sortie de l'étape du processus qu'il traite,

• Il pourra intervenir plus efficacement en comprenant sa contribution à la finalité du processus.

Le manuel de procédure est concis, six ou sept pages, et il est structuré en deux parties :

• Une page qui comprend l'intitulé du processus, son objet, son périmètre et son schéma d'analyse (schéma de production *cf.* fiche méthode 4 : « Analyser des processus » p. 59).

• Chacune des autres pages décrit une étape du processus. Chaque étape est décrite par les tâches à réaliser.

Le libellé de chaque tâche signale les formulaires utilisés, l'usage du système informatique avec le nom des transactions, les arborescences à utiliser, les modes et lieux de classement physique ou logique.

Les libellés des alternatives et des choix de traitement signalent les points particuliers.

---

1. La non-qualité, on en parle peu car on ne la chiffre jamais. Si les entreprises la chiffraient, la mise en place systématique de procédures et de contrôles serait réalisée.

Fiche méthode

➥ Mode de réalisation

La charge de travail nécessaire à la formalisation de procédures est lourde et elles n'ont de valeur que si elles sont actualisées régulièrement. Pour ces raisons notamment, nous vous conseillons de répartir la charge de travail sur un nombre important de collaborateurs.

La rédaction de procédures n'a jamais enthousiasmé les foules, aussi faut-il planifier ce type de projet sur des périodes aussi courtes que possible.

La mobilisation des experts de chacun des processus est la voie à privilégier à condition de leur fournir une planification à respecter ainsi qu'une trame rédactionnelle qui créera l'homogénéité des manuels et de les obliger à saisir eux-mêmes les textes.

Enfin, un comité de lecture, auquel doit être associé l'Audit, la Conformité et/ou la Qualité… doit s'assurer de la pertinence des contenus.

➥ Avertissements

Il existe certainement des règles de rédaction, de présentation des procédures au sein de votre entreprise : assurez-vous de leur actualité et de leur capacité à remplir l'objectif que vous voulez atteindre.

La rigueur dont vous allez devoir faire preuve pour mener à bien cet exercice doit constamment être conduite par la capacité des documents produits à être opposables aux tiers et à servir de base aux contrôles internes.

Pour les manuels de procédures, le mode de rédaction à adopter reste identique à celui cité pour les analyses : verbes d'action à l'infinitif, absence d'adjectif, phrases courtes.

➥ Clé d'analyse et approfondissement

✓ Renforcement des indicateurs de qualité : l'adossement aux formalisations vous permettra de préciser les critères de qualité attendus des clients internes ou externes.

Formaliser un mode opératoire

↪ Objectifs

Rendre l'entreprise indépendante des ressources,

Permettre l'appropriation des changements d'organisation ou de système informatique.

↪ Moyens

Préciser le « comment faire » pour réaliser les tâches dans leur détail,

Formaliser les modes opératoires.

↪ Documents source

Modes opératoires existants,

Procédures existantes,

Manuels utilisateur des applications et autres documents issus de l'informatique précisant l'utilisation du système,

Rapports d'audit concernant votre service, votre département ou votre direction.

↪ Éléments de méthodologie

Chaque manuel ne doit pas dépasser une vingtaine de pages et comporter :

- Une première page d'en-tête qui comprend l'intitulé du processus, son objet, son périmètre.
- Une deuxième page comporte le schéma de procédure qui montre les étapes et les tâches à réaliser. Les positions de travail intervenant sont rappelées au niveau de chaque étape avec leur entité d'appartenance.
- Les pages suivantes qui sont structurées par étapes et reprennent l'organisation du schéma de procédure (*cf.* illustration 42, p. 190) :
  - chaque tâche est décrite par les tâches élémentaires à réaliser, les opérations à mettre en œuvre sur le système informatique comprenant

les chemins d'accès, les conditions particulières et exceptionnelles, le mode et le lieu de classement ;

– des copies d'écran documentées permettent de faciliter la compréhension.

• En annexe, on regroupera les copies de chacun des documents utilisés (formulaire, listing, lettres ou contrats...).

Illustration 42
Formalisation d'un manuel opératoire

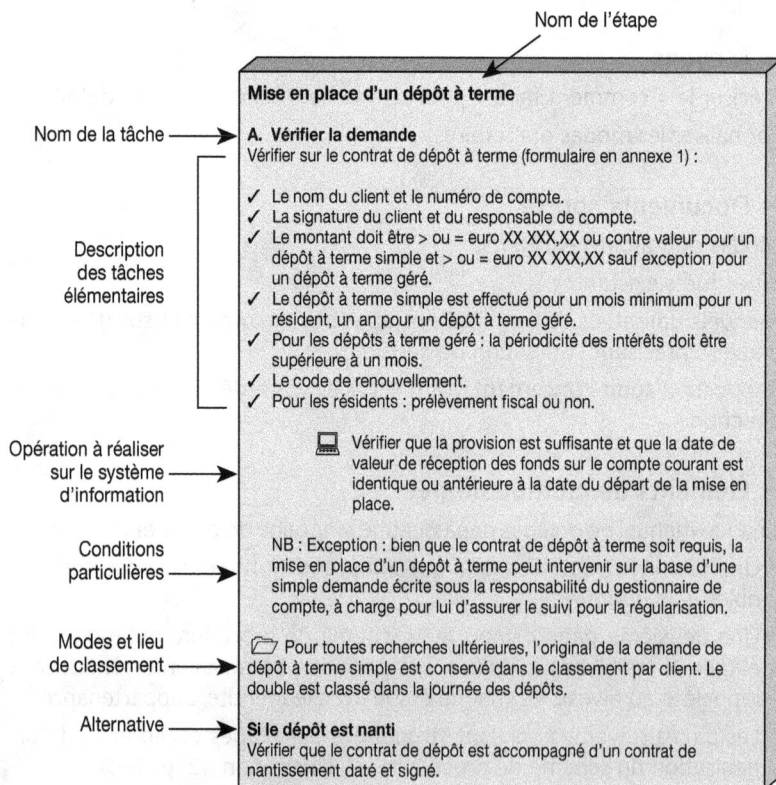

Nom de l'étape

Mise en place d'un dépôt à terme

Nom de la tâche →
A. Vérifier la demande
Vérifier sur le contrat de dépôt à terme (formulaire en annexe 1) :

Description des tâches élémentaires
- ✓ Le nom du client et le numéro de compte.
- ✓ La signature du client et du responsable de compte.
- ✓ Le montant doit être > ou = euro XX XXX,XX ou contre valeur pour un dépôt à terme simple et > ou = euro XX XXX,XX sauf exception pour un dépôt à terme géré.
- ✓ Le dépôt à terme simple est effectué pour un mois minimum pour un résident, un an pour un dépôt à terme géré.
- ✓ Pour les dépôts à terme géré : la périodicité des intérêts doit être supérieure à un mois.
- ✓ Le code de renouvellement.
- ✓ Pour les résidents : prélèvement fiscal ou non.

Opération à réaliser sur le système d'information →
Vérifier que la provision est suffisante et que la date de valeur de réception des fonds sur le compte courant est identique ou antérieure à la date du départ de la mise en place.

Conditions particulières →
NB : Exception : bien que le contrat de dépôt à terme soit requis, la mise en place d'un dépôt à terme peut intervenir sur la base d'une simple demande écrite sous la responsabilité du gestionnaire de compte, à charge pour lui d'assurer le suivi pour la régularisation.

Modes et lieu de classement →
Pour toutes recherches ultérieures, l'original de la demande de dépôt à terme simple est conservé dans le classement par client. Le double est classé dans la journée des dépôts.

Alternative →
Si le dépôt est nanti
Vérifier que le contrat de dépôt est accompagné d'un contrat de nantissement daté et signé.

Fiche méthode

➥ Mode de réalisation

La charge de travail nécessaire à la formalisation des modes opératoires est lourde.

Nous vous conseillons d'appliquer la loi de Pareto[1] sur la charge de travail pour choisir ceux que vous ferez réaliser par vos collaborateurs. *A minima*, si votre entité est dans un contexte de fort changement ou de risque, cette méthode vous permettra de prioriser la rédaction des modes opératoires.

➥ Avertissements

Il existe certainement des règles de rédaction, de formalisation des processus au sein de votre entreprise, assurez-vous de leur actualité et de leur capacité à remplir l'objectif que vous voulez atteindre.

Pour les manuels de procédures comme pour les manuels opératoires, le mode de rédaction à adopter reste identique à celui cité pour les analyses : verbes d'action à l'infinitif, absence d'adjectifs, phrases courtes.

Les modes opératoires peuvent comporter quelques copies d'écran, notamment si vous êtes en contexte de changement de système d'information. Cependant, n'oubliez pas qu'ils doivent rester opérationnels donc courts. Ce ne sont pas des manuels utilisateurs dont la lourdeur légendaire rebute la presque totalité des personnes pour lesquelles ils sont rédigés.

➥ Clé d'analyse et approfondissement

✓ Des défauts de qualité du système informatique apparaissent lors de la rédaction des manuels opératoires. Leur réalisation est donc une opportunité de documenter vos demandes d'évolution… et de renforcer la qualité des conditions de travail de vos collaborateurs ainsi que leur productivité.

© Groupe Eyrolles

---

1 Voir pages 54, 60 et 61.

2

DÉCISIONNEL, TABLEAUX DE BORD ET ANIMATION DE LA QUALITÉ

Maturité du décisionnel

Depuis la première parution de cet ouvrage en 2005, l'un des faits marquant l'évolution des systèmes d'information, et plus particulièrement des systèmes informatiques, est la professionnalisation du décisionnel.

Jusqu'alors le décisionnel était souvent fait de bric et de broc. Pourtant, le décisionnel est nécessaire au pilotage de l'entreprise à tous ses niveaux, sur chacune de ses activités.

Le pilotage de l'entreprise se réalisait sur les données fournies *a posteriori* par les comptables, ou sur des données plus immédiates fournies sur certains thèmes par le contrôle de gestion. Les données de pilotage des directions métier étaient souvent récupérées par des infocentres, des requêtes perturbées à chaque évolution du système informatique.

Cette tendance de fond reste inachevée au moment de la parution de cette deuxième édition.

Il faudra encore quelques années pour que le décisionnel soit dans tous les systèmes informatiques à un niveau de maturité permettant un pilotage efficace et réactif des activités dans les entreprises en France et en Europe.

Il est donc appelé à s'étendre à toutes les sphères d'activités de l'entreprise. C'est un outil qui contribue à la mise sous contrôle de l'organisation. Aussi, pour suivre cette évolution vous trouverez dans les pages suivantes :

- une fiche méthode sur la conception d'un tableau de bord décisionnel ;
- une fiche outil pour concevoir un tableau de bord de suivi de production ;
- une fiche outil pour concevoir un tableau de bord qualité.

Le thème de la qualité étant trop vaste pour être intégralement couvert dans le cadre de cet ouvrage, vous trouverez en sus de la fiche outil citée ci-dessus un texte sur l'animation de la qualité.

Concevoir un tableau de bord décisionnel

↦ Objectif

Disposer des données et de leurs agrégats permettant des prises de décision adaptées à la fonction de l'entreprise et aux niveaux de délégation des personnes concernées.

↦ Moyens

Définir les données et leurs agrégats adaptés à la fonction concernée de l'entreprise,

Définir les données et leurs agrégats nécessaires à l'exercice des délégations en cours dans cette fonction de l'entreprise.

↦ Documents source

Tableaux de bord existants,

Informations métier, économiques et comptables, disponibles dans le système d'information.

↦ Éléments de méthodologie

La constitution d'un tableau de bord décisionnel au niveau d'un département ou d'un service nécessite :

- de définir les objectifs de l'entité au sein de l'entreprise ;
- de définir les indicateurs pertinents et utiles ;
- de concevoir une maquette du tableau de bord décisionnel ;
- de valider sa faisabilité et son mode d'alimentation ;
- d'adapter le tableau de bord au système de délégation.

• **Mode de réalisation**

Définir les objectifs de l'entité au sein de l'entreprise

En présupposé, l'analyse des structures[1] a été réalisée. Vous disposez des missions, fonctions et processus pérennes de votre entité qui vous permettent d'asseoir votre analyse.

Définir les indicateurs pertinents et utiles

Pour sélectionner des indicateurs adaptés au pilotage de votre service ou de votre département, il faut en déterminer les objectifs de gestion. C'est la nature des missions qui doit vous guider. Par exemple :

• Un service dont la mission consiste à analyser des dossiers pour fournir une décision face à des clients qui attendent une forte réactivité ou dont la réponse est assortie d'une date butoir pour valider ou invalider une demande va avoir pour objectif de gestion de traiter 100 % des dossiers reçus dans un délai de X jours. Il faut retenir comme indicateurs :
  – l'ancienneté moyenne du stock de dossiers pour disposer d'une vision instantanée globale,
  – l'adéquation entre la charge de travail prévisionnelle et l'effectif affecté disponible, donc le prévisionnel d'arrivée de nouveaux dossiers pour les semaines à venir et la capacité de traitement de l'effectif disponible[2] à la même période (*cf.* Fiche méthode 6 : Optimiser le dimensionnement de l'effectif, p. 73). Cet indicateur permettra d'anticiper les besoins en ressources.
  – ...

• Pour une entité dont l'activité est le traitement de dossiers suivant les instructions d'une autorité externe indépendante ou dans des entités chargées de mettre en place des mesures suite à un sinistre (exemples : service « successions » d'une banque, service « sinistres » chez un assureur ou un syndic), les indicateurs à retenir en priorité avec un objectif de piloter la réactivité sont :
  – le délai de prise en charge des instructions,
  – le délai de traitement d'une instruction,
  – ...

---

1 *Cf.* Fiche méthode 2 page 41.
2 Adossé au cycle d'activité.

Fiche méthode

Concevoir une maquette du tableau de bord décisionnel

Réaliser une maquette du tableau de bord décisionnel de votre entité est un exercice qui va vous permettre de vous assurer que le volume d'information que vous vous disposez à traiter est suffisamment réduit pour que sa consultation ne soit pas consommatrice de temps.

Un format A4 devrait largement suffire à vous donner les indicateurs utiles quelle que soit l'ampleur de votre entité, service ou département. Au-delà, révisez votre sélection d'indicateurs.

Structurer les informations en les hiérarchisant. Vous devez disposer d'indicateurs :

- Majeurs : ceux dont chacun fournit la vision globale d'une problématique de gestion. Ils doivent être en exergue et limités à une douzaine.
- Secondaires : ils sont liés à un indicateur majeur et permettent d'identifier la cause des écarts. Leur nombre ne doit pas dépasser deux ou trois par indicateur majeur.

Valider sa faisabilité et son mode d'alimentation

La constitution d'un tableau de bord optimal est souvent complexe à atteindre. Les facteurs limitant votre action pourront être de deux ordres :

- Les données de base n'existent pas. Elles ne sont pas quantifiées ou mesurées. Il faut donc les construire. À ce type d'obstacle, la réponse est simple. Cependant vous devez faire attention à son coût, à la charge de travail supplémentaire qui incombera aux équipes et à ses possibilités d'automatisation.
  - Exemple : le délai de traitement des dossiers ne peut être identifié car la date d'arrivée ou de départ n'est pas enregistrée.
- L'indicateur repose sur une donnée prédictive qui nécessite un historique : cette série n'est pas disponible. Il vous faudra passer par deux ou trois étapes avant de disposer d'un indicateur fiable. Ces deux ou trois étapes consistent à mettre en place l'indicateur sur la base existante en surpondérant[1] l'effectif nécessaire pour faire face aux évolutions de la charge de travail. La base statistique s'élargissant, vous disposerez d'un retour d'expérience qui vous permettra d'accroître la capacité prédictive

---

1 Vous trouverez dans la fiche méthode 6 les éléments pour dimensionner l'effectif.

Fiche méthode

de votre indicateur et d'affiner le besoin en effectif. Notre conseil est de rester prudent dans les réductions d'effectif durant ces deux ou trois étapes.

— Exemple : la série statistique du nombre de dossiers reçus chaque semaine n'est pas disponible sur une période assez longue pour que l'on puisse connaître ses variations cycliques.

Adapter le tableau de bord au système de délégation

En fonction de la dimension de votre entité ou de votre département, dans le cas où vous avez une entité multi-sites, le tableau de bord doit être adapté au système de délégation que vous avez formalisé et/ou mis en œuvre. Dans ce cas, il faut se poser la question des indicateurs à chaque niveau de délégation. L'objectif est, au plan managérial, d'habituer les responsables à piloter leur domaine de responsabilité et de renforcer leur efficacité dans l'exercice de celle-ci.

➥ Avertissements

Cette fiche méthode n'a pas pour objet de se substituer au dispositif décisionnel de l'entreprise. Son périmètre est limité au pilotage d'un service, d'une unité, d'un département.

L'excès d'informations réduit l'avantage qu'elles procurent.

Ne pas confondre décisionnel et gestion de contenu.

➥ Clés d'analyse et approfondissements

✓ Intégrer les indicateurs du décisionnel de votre entité dans le dispositif de pilotage de l'entreprise.

✓ Transformer le maintien dans les valeurs limites des principaux indicateurs en objectifs pour responsabiliser vos collaborateurs.

Concevoir un tableau de bord de suivi de production

→ Objectif

Disposer des données permettant de suivre l'évolution de la production.

→ Moyen

Définir les données illustrant les étapes de traitement des processus et leur utilisation.

→ Documents source

Tableaux de bord existants.

Statistiques de suivi de la production.

→ Mode de réalisation

La réalisation d'un tableau de bord de production repose sur le suivi pas à pas des étapes de traitement. Pour le réaliser vous devez :

• définir pour chaque processus son déroulement et ses étapes,

• choisir les éléments significatifs à quantifier à chaque étape de traitement.

Définir pour chaque processus son déroulement et ses étapes

Pour cadrer la réalisation, nous vous conseillons d'utiliser la fiche outil 4 : Tableau de répartition du travail, p. 49.

Ensuite, vous trouverez dans la fiche méthode 4 : Analyser des processus, p. 59, la méthodologie qui vous permettra à défaut de réaliser une analyse détaillée complète, de lister chaque étape et de décrire le déroulement du processus.

Choisir les éléments significatifs à quantifier à chaque étape de traitement

Les éléments significatifs sont les éléments quantifiables utilisés ou réalisés dans le cadre d'une étape[1] de façon systématique. L'usage des éléments significatifs permet d'éviter la multiplication des données. Quelques exemples d'éléments significatifs : le nombre d'appels téléphoniques entrants, de dossiers reçus, de mails traités, de lettres envoyées…

Illustration 43
Tableau de bord de production

	Processus 1				Processus 2				Processus 3			
Étapes	1	2	X	Y	1	2	X	Y	1	2	X	Y
Entrants	17	35	52	21	16	38	48	58	10	10	17	17
Traités	31	21	17	0	48	21	31	41	10	48	35	31
Reste en stock	48	14	35	44	31	17	17	17	0	58	52	21

Il faut réduire le nombre des données au minimum.
Ici le stock initial n'a pas été retenu pour figurer sur le tableau de bord.
Encadrées en gras, les étapes de processus dont le traitement a permis de réduire le stock initial.

➥ Avertissements

L'excès de données nuit à l'analyse.

Les éléments significatifs ne doivent pas laisser penser que les travaux de l'étape se résument à leur traitement. Si vous souhaitez les indiquer dans le tableau de bord de production, il y aura lieu de le préciser et de faire figurer à proximité l'évaluation de la charge de travail standard de chacune des étapes.

➥ Clés d'analyse et approfondissements

✓ La coordination entre la matrice de polyvalence[2] et le tableau de bord de production permet de nombreuses applications, notamment l'optimisation de la polyvalence des équipes.

✓ L'analyse des délais permet une première approche de la qualité.

---

1 Sur la notion d'étape, voir la fiche méthode 4, notamment la page 61.
2 *Cf.* fiche méthode 10, page 105, et pour aller plus loin, se reporter à l'ouvrage *Relancer la mobilité interne – De la matrice de la polyvalence au plan annuel* du même auteur, dans la même collection, chez le même éditeur.

L'animation de la qualité outil de management

Vous avez trouvé dans les lignes et les pages qui précèdent de nombreux outils de management et surtout de nombreuses opportunités d'interventions et de contacts avec vos collaborateurs. Utilisez-les car c'est leur mise en œuvre qui vous positionnera dans votre rôle de manager.

Vous trouverez aussi dans l'animation de la qualité de nombreuses opportunités de contacts, de repositionnements des actions de vos collaborateurs. Utilisez-les durant les informations ou dans le cadre des communications destinées à tous, car elles sont autant d'occasions dont vous pouvez vous servir pour faire évoluer la compréhension de vos collaborateurs. C'est par une bonne compréhension du besoin des clients internes ou externes que vous les aiguillerez vers un niveau de prestation qui permettra des réalisations conformes aux attentes.

Concevoir un tableau de bord qualité

↦ Objectif

Disposer des données permettant de piloter la qualité de la production d'une entité, d'un service ou d'un département.

↦ Moyen

Définir la conformité des données à chaque étape de traitement des différents processus.

↦ Documents source

Charte qualité.

Directives, manuel ou plan d'assurance qualité.

Contrats de prestation interne.

Tableaux de bord existants.

↦ Mode de réalisation

La réalisation d'un tableau de bord qualité doit s'appuyer sur les normes qualité retenues dans l'entreprise. Les objectifs de qualité attendus de votre entité vont probablement intégrer, en sus des attentes spécifiques au secteur d'activité et au métier de votre entité, des demandes qui concernent :

• les délais de réalisation ;

• la conformité des réalisations.

La variété des attentes spécifiques de chaque secteur d'activité et de chaque métier impose de ne pouvoir traiter chacun d'entre eux dans un seul ouvrage. Vous trouverez donc dans les lignes qui suivent, le mode de réalisation qui permet d'élaborer un tableau de bord qualité pour gérer les délais de réalisation et vérifier la conformité des documents ou services produits.

Gérer les délais de réalisation

En ce qui concerne les délais de réalisation nous vous suggérons de vous reporter aux deux fiches précédentes. Vous pouvez notamment appuyer votre démarche sur le tableau de bord de production en y ajoutant la dimension délai. Le tableau de bord décisionnel devra avoir un indicateur d'ancienneté des dossiers.

Sur ce thème, le tableau de bord qualité devra prévoir deux annexes :

• la liste des dossiers arrivant en limite des délais préconisés la semaine à venir,

• la liste des dossiers les plus anciens.

Dans les deux cas, ces listes permettront de générer des actions managériales auprès des collaborateurs en charge de ces dossiers.

Vérifier la conformité des réalisations

Le tableau de bord de production doit servir de base à la création de votre tableau de bord qualité. Pour le compléter, il faut ajouter à sa conception les points de conformité à respecter. Cet ajout doit être réalisé à chaque étape du processus.

La mise en place du tableau de bord n'a d'intérêt que si l'on met en place les contrôles qui permettent de l'alimenter. En fonction des volumes, des objectifs de l'entreprise et des impacts des risques opérationnels, les contrôles seront systématiques ou réalisés par sondages.

Comment choisir entre les contrôles à effectuer s'ils sont trop nombreux pour être exhaustifs ? C'est d'abord en les centrant sur les objectifs de l'entreprise et en quantifiant les enjeux que vous pourrez déterminer ceux qui sont à prioriser.

Ensuite ce sera l'efficacité et l'impact sur le temps de travail qui devront vous guider.

↪ Avertissements

Les autocontrôles permettent de responsabiliser les collaborateurs et de réduire les réticences à la mise en place des contrôles.

Un contrôle systématique en fin de processus ou avant les interactions externes permettra de sécuriser le standard de qualité délivré.

↪ Clé d'analyse et approfondissement

✓ La gestion des risques opérationnels s'étend progressivement dans les entreprises secteur d'activité après secteur d'activité. Cette dimension peut compléter votre approche.

BIBLIOGRAPHIE

Pour se pencher sur Taylor et l'organisation scientifique du travail :

Pouget, Michel, *Taylor et le taylorisme,* coll. « Choix, Essai », PUF, 1998.

Si vous souhaitez approfondir la relation au temps dans l'organisation du travail :

Cellier, Jean-Marie, de Keyser, Véronique, Valot, Claude, *La gestion du temps dans les environnements dynamiques,* coll. « Le travail humain », PUF, 1996, 2001.

Noguera, Florence, *Management du temps de travail,* coll. « Les Topos », Dunod, 2006.

Pour s'intéresser à l'analyse de la valeur :

Ballion, Joël et Boulet Claude, *L'analyse de la valeur,* Afnor, 2002.

Des Mesnards, Paul-Hubert, *Réussir l'analyse de la valeur,* Éditions d'Organisation, 2008.

Maîtriser la conception par l'analyse de la valeur, coll. « BTE », 2001.

Pour se faire une opinion sur l'ARTT (Aménagement et Réduction du Temps de Travail) à partir de données objectives :

France portrait social 2003-2004, INSEE.

Remerciements

Pour respecter la confidentialité due aux cabinets de conseil et aux clients pour lesquels il est intervenu, l'auteur a changé les éléments permettant leur identification.

Donc, toute ressemblance avec des entreprises et des personnes existantes ne serait que pur hasard.

L'auteur remercie les clients qui lui ont accordé leur confiance pour des missions de conseil :

Agebanque, Aodys, Banque du bâtiment et des travaux publics, Banque française de l'Orient, Banque nationale de Paris, Banque populaire Centre-Loire, Banque populaire Val de France, Caisse d'épargne d'Alès, Caisse d'épargne de Bourgogne, Caisse d'épargne de Cévennes-Vidourle, Caisse d'épargne de Gard-Méditerranée, Caisse d'épargne de Nîmes, Caisse d'épargne Nord France Europe, Caisse d'épargne de Paris, Caisse d'épargne de Rhône-Alpes Lyon, Caisse d'épargne de Touraine, Caisse d'épargne Val de France Orléanais, Caisse fédérale du Crédit mutuel Maine-Anjou Basse-Normandie, Caisse nationale du Crédit agricole, Caisse régionale du Crédit agricole d'Alsace, Caisse régionale du Crédit agricole Alpes-Provence, Caisse régionale du Crédit agricole Centre-France, Caisse régionale du Crédit agricole de Champagne-Bourgogne, Caisse régionale du Crédit agricole de Côte-d'Or, Caisse régionale du Crédit agricole du Lot-et-Garonne, Centre national des Caisses d'épargne, Finalion, GCE Business Services, Girce Stratégie, Henkel France, IT-CE, La Poste services financiers, Régie autonome des transports parisiens, Société centrale de banque, Trans-expansion vie...

et ceux qui lui ont confié des actions de formation :

Sorefi Nord-Pas-de-Calais, Caisse nationale des Caisses d'épargne pour l'ensemble des entreprises du groupe Caisse d'épargne, Caisse d'épargne Centre Val de Loire, Girce Stratégie pour les adhérents de la Communauté SIRIS : les Caisses d'épargne d'Auvergne et du Limousin, Centre Val de Loire, Champagne-Ardenne, Flandre, Midi-Pyrénées, Nord-Pas-de-Calais, Pays de la Loire, Pays du Hainaut, Picardie, Val de France Orléanais et du Crédit foncier de France, la Caisse d'épargne de Lorraine, Crédit mutuel Maine-Anjou Basse-Normandie, GCE Business Services et IT-CE pour les adhérents de MySys : les Caisses d'épargne Aquitaine Poitou-Charentes, Alsace, Auvergne Limousin, Bretagne Pays de la Loire, Bourgogne Franche-Comté, Côte d'Azur, Île-de-France, Rhône Alpes, Languedoc-Roussillon, Loire Centre, Loire Drôme-Ardèche, Lorraine Champagne-Ardenne, Midi-Pyrénées, Nord France Europe, Normandie, Picardie, Provence Alpes Corse, la banque BCP et le Crédit foncier de France. GIE Ecolocale, le FAFIEC pour l'action collective « Management stratégique d'une TPE/PME » destinée à ses adhérents : les entreprises du conseil, de l'ingénierie, de l'informatique, organisatrices des foires, salons et congrès… notamment : 2MoRO Solutions, ADP ABCAR DIC Process, Alliance des mots, ATH, Beauty Words International, Brand New Day, FSC, Grant Thornton Performance, International Assistance Group, Opto Partner, Organisme régional de santé Champagne Ardennes, KLB Group, LCA, LSF Loyalty, Partitio…

Enfin l'auteur adresse ses remerciements à tous ceux qui ont bien voulu contribuer à la relecture de la première version de cet ouvrage : Évelyne Lévy, Bernard Fau, maître Christian Bellot et plus particulièrement Dominique et Jacky Coureaud, tous deux consultants en ressources humaines, dont les remarques constructives ont permis une remise en cause salutaire, ainsi que Guy Taché qui a bien voulu bousculer son emploi du temps pour aider à la correction des fautes de syntaxe et d'orthographe.

CONTACTS

A la suite de cette lecture, vous avez peut-être quelques remarques, envie de communiquer avec l'auteur... Vos apports et remarques, seront les bienvenus sur **pht@scoconseil.com**.

Si votre intérêt porte sur les différentes formes d'aide que nous pouvons vous apporter au-delà de cet ouvrage, consultez notre site : **www.scoconseil.com**.

INDEX

L'index est organisé pour vous permettre une approche thématique.

Neuf thèmes ont été sélectionnés : Accompagner le changement ; Adapter les moyens ; Analyser l'activité ; Bâtir une communication de projet ; Dimensionner l'effectif ; Gérer un projet ; Maîtriser le temps de travail ; Manager les ressources humaines ; Rationaliser les structures.

Chacun d'entre eux est signalé en gras dans le corps de l'index et vous indique les termes les plus fréquemment utilisés. Face aux noms de ceux-ci vous trouverez le numéro des pages où ils se situent.

A

accompagnement, 13, 15, 123, 146, 152, 156, 178

Accompagner le changement *Voir* : accompagnement, adhésion, appropriation, attentes, changement, cohésion, consensus, dynamiques collectives, résistance, sécurité de fonctionnement, situation de crise.

actions de communication, 171, 173, 174, 176, 178

activités, 16, 21, 29, 31, 33, 45, 47, 48, 90, 106, 127, 183, 193

Adapter les moyens *Voir* : fonctionnalités, système d'information.

adhésion, 150, 171, 175

analyse de la valeur, 43, 80, 215

Analyser l'activité *Voir* : activités, flux, méthodes de travail, modes opératoires, optimisation, procédures, processus, qualité, tâches

appropriation, 64, 67, 68, 70, 156, 171, 175, 178, 189

ARTT, 75, 101, 102

attentes, 16, 130, 133, 146, 201, 202

B

Bâtir une communication de projet *Voir* : actions de communication, cibles de communication, circuit de communication, communication informelle, médias, modes, politique, plan de communication, relais de communication.

benchmark, 46, 81, 82, 83

Composé par Sandrine Escobar

N° éditeur : 4812